Den Retter-Gott ranlassen

Rainer Petrak
Damit Leben gelingt

Den Retter-Gott ranlassen

Rainer Petrak

Damit Leben gelingt

Ermutigungen aus der Bibel
und Erfahrungen in der Gemeinde

1. Auflage November 2010

Neuer Weg 55, D-60388 Frankfurt am Main
Tel. 06109 / 501860
petrak@den-retter-gott-ranlassen.de
www.den-retter-gott-ranlassen.de

Titelbild: Alexander Braun
Bilder Innenteil: © Photographie Bertram Solcher

Bibeltext:
Einheitsübersetzung der Heiligen Schrift
© 1980 Katholische Bibelanstalt, Stuttgart

Herstellung: PRESSEL Digitaldruck Remshalden

ISBN 978-3-9814092-1-5

Buch 1 in der Reihe
„Den Retter-Gott ranlassen" ISBN 978-3-9814092-0-8

Den Retter-Gott ranlassen

Damit Leben gelingt

Inhalt

Dieses Buch
ein Vorwort

Dieses Buch ist ein Blasebalg. Für die Sehnsucht nach einem erfüllten Leben. Es macht Mut zur Auseinandersetzung mit der Wirklichkeit und mit der positiven Kraft, die in ihr steckt. Und es weckt Freude an der Entdeckung des Chancenreichtums, der aus dem – vor allem in Gemeinschaft – gelebten Glauben an Jesus Christus erwächst.

„Den Retter-Gott ranlassen" lebt aus einer Mischung von Erfahrung und von hoffnungsträchtiger Vision auf einem realen Glaubensweg in konkreter Gemeinschaft.

Ursprung und Grundmaterial für dieses Buch sind Predigten, die ich so in der katholischen Herz-Jesu-Gemeinde im Frankfurter Stadtteil Fechenheim gehalten habe. Deren Pfarrer war ich von 1976 bis 2004. Ihr gemeinsam gelebter Glaube hat bei Menschen der Umgebung Neugierde auf den Glauben ausgelöst. Was wiederum die Kraft der Gemeinschaft im gelebten Glauben bestätigt und bestärkt hat. Ein sowohl persönlich wie kirchlich verantwortetes Glaubensverständnis, stimmig und aufs Leben bezogen, bezeugte den rettenden Gott der Bibel und wirkte sich erfreulich, manchmal erstaunlich aus:

Menschen, denen die Abschiebung drohte, wurde die Möglichkeit erkämpft, auf Dauer zu bleiben, und Gemeindemitglieder halfen schließlich bei der Renovierung und Einrichtung der Wohnung. Eine junge „illegale" Afrikanerin fand Pflegeeltern, Ausbildung, dauerhaftes Aufenthaltsrecht ... Obdachlose wurden zunächst in Wohnwagen untergebracht und danach wieder sesshaft. Die ganze Gemeinde wehrte sich erfolgreich gegen das Auftreten von Neonazis. Von ihr wurde die Bewegung zu einer sozialen Erneuerung des Stadtteils angestoßen. ...

Die ausgewählten Titel werden hier – jeweils nach einführenden Vorbemerkungen – zu einer Abfolge inhaltlicher Schwerpunkte gruppiert, aus der sich die Struktur des Buches ergibt. Dabei sind oft Kontexte angefügt: Die einen illustrieren erzählend das Vorangegangene, andere fügen einen Nachschlag an – mal in Gestalt von Argumentationen oder Zitaten, mal als Kurzgeschichte, Lyrik, Zeitungsbericht, ...

Gespeist ist das Buch aus der Botschaft der Bibel. Und es ist geprägt von einem Glaubens- und Kirchenverständnis heutiger katholischer Kirche, das sich in der gegenwärtigen Welt bewähren will.

„Den Retter-Gott ranlassen" bietet natürlich nicht „die Wahrheit". Aber für mich ist der hier gemeinte Weg einer freudigen – und oft mühsamen – Suche nach einer erfüllten Lebensweise in Gott und in der Gemeinschaft der Getauften einfach „das Wahre". Auch will das Buch nicht belehren, sondern eher bewegen. Ich verstehe mich als Übersetzer einer Botschaft, als Hebamme, als Zeuge, ... Ich gebe Hinweise, um verschiedene Blickwinkel wahrzunehmen und Aufmerksamkeiten anders zu gewichten, Verständnis neu auszuprobieren.

Hier wird nicht Moral verkündigt, wie bei Predigten verbreitet – mal traditionell-kernig, „sozial-modern-links" oder mit liberalem „laisser-faire". Nicht das Handeln des Menschen steht im Vordergrund, nicht das geforderte, gebotene Tun, schon gar nicht das „böse" Tun der Menschen. Nein, es geht um Gottes Handeln und um – vom Evangelium her klar zu bewertende – Lebensumstände, die sich negativ, ja „tötend" auswirken können und denen es für den Getauften zu „widersagen" gilt. Und insofern eröffnet dieses Buch die Freude an Gott und die Hoffnung auf ihn.

Natürlich, da es in der biblischen Botschaft von Gottes Tun um sein alle Wirklichkeitsbereiche umfassendes Reich geht, gibt es bei all dem auch einen politischen Aspekt – unabhängig von einer konkreten Parteienlandschaft, allein an der biblischen Reich-Gottes-Botschaft orientiert. Gemeinschaft kann nicht unpolitisch sein. Und wenn Leben wirklich gelingen soll, können politische Faktoren nicht ignoriert werden.

Nachdem ich viele Jahre eine Art „Kundschafter" gewesen bin, möchte ich mit diesem Buch auf eine neue Weise meine „Erkundungen" mit anderen teilen – zur Ermunterung und Ermutigung zu dem Weg in das Land, in das Gott die führt, die das wollen. Dabei halte ich fest an der Zuverlässigkeit der biblischen Botschaft von dem rettenden, befreienden, aufrichtenden, heilenden Gott. Samt dem großartigen Potenzial an Folgen, die entstehen, wenn Menschen – vor allem in Gemeinschaft (Kirche!) – an seinen Zusagen festhalten, sich ihm öffnen, seinen Einflussbereich („Reich Gottes") als alles prägend wollen und deshalb mutig, neugierig und kraftvoll hoffend ihm „den Weg bereiten" bzw. „nachfolgen". Ich wehre mich gegen die Vorherrschaft von und Überwältigung durch Elend aller Art, Leid, „Sünde" und „Tod". Ich will mehr als ist. Gott auch. Die elementare Sehnsucht nach einem erfüllten, gelungenen Menschenleben eint Gott und die Menschen.

Ja, ich teile mit vielen Anderen die Überzeugung: Nichts will Gott mehr, nichts ist ihm wichtiger, als dass das Leben von Menschen gelingt. Das wird schließlich an Jesus überdeutlich. An dem, was er sagt und tut: Ausgestoßene holt er zurück in die Gesellschaft, Behinderten nimmt er die Behinderung, Verachteten gibt er Achtung. Jesus verkörpert Gottes Zuverlässigkeit in dieser Zielsetzung mit seinem Lebensopfer.

Sinnvoll leben in erwachsenem Glauben

Der Gott der Bibel legt nichts rezepthaft und entmündigend fest. Sinngebung ist sein Geschenk ***und*** unser schöpferischer Akt. Sie bedeutet Verantwortung als Quelle der Freude und authentischer Freiheit.

Aber oft ist das leichter gesagt als getan! Denn einen Sinn im Leben zu erkennen, das bedarf einer Wegstrecke. Und entsprechend erfordert die Frage nach einem erwachsenen und persönlich verantworteten Glauben die Zeit der Suche. Diese Spannung muss man aushalten können! Es gilt, wach zu sein, bereit für das Gute, damit es erlebbar ist und geschehen kann.

Die Bibel macht Mut mit dem, was da „Gottes Reich" heißt und mit Jesus, mit dem ja alles noch einmal neu begonnen hat. Mut auch zu einer erfahrbaren Weggemeinschaft mit anderen, die das Gleiche wollen: Lebenssinn in erwachsenem Glauben.

1 Der Sinn meines Lebens?

Die Erfahrungen mit dem Leben haben Kohelet, einen Mann aus der Zeit um 250 vor Christus nachdenklich gemacht. Sein Ergebnis: Zweifel, Fragen, dumpfe Sinnlosigkeit. Er traut sich, seinen tiefen Kummer auszusprechen. In der Gemeinschaft glaubender Menschen. Seine Gedanken: Windhauch ist das, Seifenblasen, Luftschlösser. Alles. Da hat man durch Wissen, Können und Erfolg Besitz erworben, und dann muss man es einem andern überlassen, der sich nicht dafür angestrengt hat. Was erreicht der Mensch durch seinen ganzen Besitz und durch alle Anstrengungen und Mühen?! Alle Tage besteht sein Geschäft nur aus Sorge und Ärger ... Windhauch! (vgl. Kohelet 1,2; 2,21-23)

Jahrhunderte später erzählt Jesus ein fiktives Beispiel in der gleichen Aussagerichtung: Angesichts einer guten Ernte überlegte ein reicher Mann: Was soll ich nur tun? Ich weiß nicht, wo ich diese Ernte unterbringen soll! Nach langem Hin und Her sagte er sich: Ich werde meine Scheunen abreißen und größere bauen; dort werde ich mein ganzes Getreide und meine Vorräte unterbringen. Dann habe ich einen großen Vorrat, der für viele Jahre reicht; gut zum Ausruhen und mich des Lebens zu freuen! Da sprach Gott zu ihm: Du Narr! Noch in dieser Nacht wird man dein Leben von dir zurückfordern. Wem wird dann all das gehören, was du angehäuft hast? (vgl. Lukas 12,13-21)

Einer, der ein Sinn-loses Leben führt, ist arm dran; er ist ein armer Mensch – unabhängig davon, ein wie großes Vermögen er hat. Denn sinnlos leben, das nimmt die Lust am Leben. Mancher nimmt sich dann das Leben.

Wir sind – manchmal, manche von uns – „reich", aber vielleicht nach kurzsichtigen Maßstäben, und täuschen uns damit über den Sinn unseres Lebens. Gott sagt dann mitfühlendbedauernd: Du Narr! Du wirst doch die Erfahrung machen, trotz aller Illusion von Reichsein und Sinn sinnlos gelebt zu haben!

Wenn Gott uns so anspricht, wird offensichtlich: Er ***will***, dass wir sinnerfüllt leben. Das ist gut! Wer von uns wollte das nicht! Da trifft sich unsere Sehnsucht mit dem, was Gott will.

Ja nun – was ist dann der Sinn unseres Lebens? Gott will doch sicher auch, dass wir diesen Sinn finden, um entsprechend leben zu können. Es ist die Frage Nummer 1: Was ist der Sinn meines Lebens? Gott lädt uns ein, dass wir diese Frage mit ihm in Verbindung bringen, mit dem Glauben an ihn. Wir können – wie Kohelet – Verbindung mit glaubenden Menschen suchen und ihrem Glauben unsere Frage zumuten.

Schon oft hat Kirche versucht, diese Frage Nummer 1 zu beantworten. In staubbedeckten Kisten, Kästen, Schränken hab ich danach gesucht – und habe einen Katechismus von 1929 gefunden mit der Frage Nummer 1 und der entsprechenden Antwort: „Wozu sind wir auf Erden?" Und die Antwort, wie sie – nicht nur damals – formuliert wurde: „Wir sind dazu auf Erden, dass wir den Willen Gottes tun und dadurch in den Himmel kommen." Eine klare Antwort. Nur: Auch alle die, die es auswendig gelernt haben und in Erinnerung behalten haben, sind trotzdem immer wieder in Situationen gekommen, in denen sie weiterhin nach dem Sinn des Lebens gefragt haben. Unabhängig davon, wie „richtig" diese Antwort theoretisch sein mochte. Trotz der Katechismus-Antwort ist die Frage offen geblieben. Sie ist anscheinend zu trocken beantwortet; untauglich, wirklich eine Antwort zu sein.

Wenn die Frage nach dem Sinn unseres Lebens uns beschäftigt, stellt sie sich uns allerdings nur selten in dieser Formulierung „Was ist denn der Sinn meines Lebens?" Sie stellt sich – sehr oft in unserem Leben – in anderer Weise. Es fängt beim Kind an, beim kleinen Kind: „Warum?" Und immer wieder „warum?" Immer wieder – das kann einem auf den Nerv gehen. Aber auch der Erwachsene: „Warum dieses Schicksal?!" „Warum soviel Ungerechtigkeit?" „Warum diese Katastrophe?" und so weiter. Oder: „Wozu habe ich das alles gemacht? mich gemüht, ...?!" Denn immer wieder, selbst wenn wir meinen, Antworten auf die Frage nach dem Sinn des Lebens gefunden zu haben, machen wir ja trotzdem die Erfahrung, dass Dinge geschehen, die diesem Sinn nicht entsprechen können. Und doch müsste, wenn es wirklich einen Sinn unseres Lebens gibt, dieser wirkliche Sinn ***alle*** Situationen unseres Lebens umfassen! Einschließlich Enttäuschungen, Erfolglosigkeiten. Ja dieser Sinn müsste sogar unser Sterben und den Tod umfassen!

Die Frage nach dem Sinn stellt sich uns – vielleicht dummerweise – besonders dann, wenn wir Sinnlosigkeit empfinden. Aber ich kann mich ihr auch jetzt stellen. Ohne mich besonders bedrängt zu fühlen. Vielleicht ist es ja Gott, der mich dazu animiert, mich ihr zu stellen – jetzt – durch die Konfrontation mit der Erfahrung des Kohelet und mit dem Beispiel, das Jesus erzählt.

Kohelet sagt: „Das alles – Windhauch! Nichts!" Und Jesus sagt deutlich: Er will, dass wir uns nicht mit irgendeiner Idee vom Sinn des Lebens zufrieden geben, die uns dann doch enttäuschen könnte, so dass wir uns als Narren erwiesen haben.

Mit der ***Frage*** sollen wir uns beschäftigen. Aber eine Antwort geben diese Worte der Bibel nicht! Jesus sagt nur: „Vorsicht! So nicht!" Aber er sagt nicht, wie denn!

Ich glaube, statt einer Antwort in Worten stellt Gott uns als Antwort Jesus selbst vor Augen. Er ist das Beispiel schlechthin für ein sinnerfülltes menschliches Leben! So verstehe ich jedenfalls die Gedanken im neutestamentlichen Brief an die Christengemeinde im antiken Kolossä, der dem Apostel Paulus zugeschrieben wird (vgl. Kolosser 3,1-5.9-11): *„Euer Leben ist mit Christus verborgen in Gott."* Das bedeutet doch: Der Sinn eures Lebens – ihr wisst ja, er ist verborgen. Aber er ist zu finden, er ist nämlich in Gott verborgen. Und zwar mit Christus: Euer Leben, der Sinn eures Lebens und der Sinn des Lebens von Christus. Deswegen – da er Gott mit der Chiffre „im Himmel" ansiedelt – sagt er: *„Richtet also euren Sinn auf das Himmlische"*

– auf das, was ihr von Gottes Botschaft her in diesem Menschen Jesus erkennt. Richtet euren Sinn ***dar***auf! *„Strebt nach dem, was im Himmel ist",* also danach, sinnvoll zu leben! Und schaut dabei auf Jesus und seinen Lebensweg! Denn alles das, was an drohender Sinnlosigkeit im Leben des Menschen da ist, was es ja bei Jesus auch gab, dem seid ihr doch schon „gestorben" mit Jesus. „Ihr", sagt er. Ihr, und meint damit alle, die getauft sind, die an Christus glauben. Und er fährt fort: Nun bleibt doch „tot" für alle untauglichen Versuche, einen Sinn des Lebens zu finden, die dann doch nichts bringen! Ihr seid doch schon mit Jesus „auferweckt" zum neuen menschlichen Leben – unter dem neu offenbarten Sinn, der sich in der Person von Jesus gezeigt hat.

Vielleicht sind Sie jetzt enttäuscht. Denn eine Antwort, eine aufgeschlossene, eine deutliche, eine griffige Antwort auf die Frage nach dem Sinn des Lebens ist das doch auch nicht, zu hören: Jesus ist die Antwort Gottes auf unsere Frage nach dem Sinn.

Aber bedenken Sie bitte Folgendes: Wenn wir eine griffige, knapp formulierte Antwort von Gott bekämen, dann würde das ja bedeuten: Er hat festgelegt, was der Sinn unseres Lebens ist, und wir haben uns gefälligst daran zu halten. Da steckt doch etwas drinnen, was in uns Widerspruch hervorruft – beim einen mehr, beim andern weniger. Der moderne Mensch sagt sich jedenfalls: Ich möchte den Sinn meines Lebens selber festlegen, nicht einen vorgegebenen Sinn finden, den ein anderer festgelegt hat, sondern selber meinem Leben seinen Sinn geben. Und wer ihm das streitig macht, kränkt ihn. Vielleicht hat da Gott ein sehr feinfühliges Verständnis für uns.

Aber nicht nur feinfühliges Verständnis. Wenn doch gilt (vgl. Genesis 1,27), dass Gott uns „nach seinem Bild" geschaffen hat, gehört dann nicht zu Gottes „Bild" ganz wesentlich sein schöpferisches Tun? dass er Schöpfer ist? Und ist nicht Sinn-Geben ein ganz zentral schöpferisches Tun? Wenn er uns nach seinem Bild gemacht hat, dann will er uns vielleicht unsere Würde unter anderem darin geben, dass wir wirklich schöpferisch unserem

Leben seinen Sinn geben. Dann kann er uns aber nicht eine schon feste Antwort vorlegen. Dann kann er uns nur – so, wie er es tut – eine Möglichkeit, ja die beste Möglichkeit schlechthin – das Beispiel Jesus vor Augen halten und uns Mut machen, uns der Frage zu stellen, um die Antwort zu geben.

Und wenn wir uns auf Jesus einlassen, ihn als Orientierung nehmen und uns von ***seinem*** Geist prägen lassen, dann werden wir fündig. Davon bin ich überzeugt. Wir werden in seinem Geist selbst herausfinden ***und*** festlegen, was der Sinn unseres Lebens sein kann. Und – das mag sehr paradox klingen – und dann werden wir das festlegen, was Gott festlegt in seinem Geist, der uns belebt. Zugleich ***sein*** Geschenk – der Sinn unseres Lebens – ***und unser*** schöpferischer Akt.

2 Sehnsucht nach einem tragfähigen, erwachsenen Glauben

Jesus war in die gleichen Überlieferungen des Glaubens hineingewachsen wie seine Zeitgenossen. Der Glaube an den Gott der Bibel galt als Allgemeingut in Israel. Aber die Vorstellungen, was dieser Glaube für das konkrete Leben bedeutet, gingen zwischen Jesus und seinen Zeitgenossen oft sehr konfliktreich auseinander. Das Markus-Evangelium erzählt zum Beispiel von einflussreichen frommen und gelehrten Männern aus Jerusalem – „Pharisäer und Schriftgelehrte":

Sie sahen, dass einige seiner Jünger ihr Brot mit unreinen, das heißt mit ungewaschenen Händen aßen. Die Pharisäer essen nämlich wie alle Juden nur, wenn sie vorher mit einer Hand voll Wasser die Hände gewaschen haben, wie es die Überlieferung der Alten vorschreibt. Auch wenn sie vom Markt kommen, essen sie nicht, ohne sich vorher zu waschen. Noch viele andere überlieferte Vorschriften halten sie ein, wie das Abspülen von Bechern, Krügen und Kesseln. Die Pharisäer und die Schriftgelehrten fragten ihn also: Warum halten sich deine Jünger nicht an die Überlieferung der Alten, sondern essen ihr Brot mit unreinen Händen? Er antwortete ihnen: Der Prophet Jesaja hatte Recht mit dem, was er über euch Heuchler sagte:

Dieses Volk ehrt mich mit den Lippen,
sein Herz aber ist weit weg von mir.
Es ist sinnlos, wie sie mich verehren;
was sie lehren, sind Satzungen von Menschen.

Ihr gebt Gottes Gebot preis und haltet euch an die Überlieferung der Menschen. Und weiter sagte Jesus: Sehr geschickt setzt ihr Gottes Gebot außer Kraft und haltet euch an eure eigene Überlieferung. ..." (Markus 7,2-9)

Jesus leidet geradezu. Bis hin zum Zorn: Was sie daraus gemacht haben – aus der Weitergabe von Gottes Geboten, aus der Überlieferung seiner Weisungen für den Weg mit ihm, der sie doch einfach in eine gute Zukunft führen sollte! Es wird euch gut gehen, wenn ihr euch daran haltet!, heißt es in der Bibel. *„Hört, und ihr werdet leben!"* – in dem Land, das Gott euch gibt! (vgl. Deuteronomium 4, 1-8) Und: *„Deine Weisung macht mich froh; darum bewahrt sie mein Herz."* (Vgl. Psalm 119) Mich erinnert das an den Stolz über das deutsche Grundgesetz in den Fünfziger- und Sechziger-Jahren mit seinen wunderbaren Regeln über Menschenrechte und Demokratie.

Aber nun haben diese „Heuchler" – wie Jesus sie nennt – den Sinn fürs Wesentliche, nämlich für Gottes Heilswillen verloren. Und nicht nur sich selber halten sie an nebensächlichen Äußerlichkeiten fest, sondern sie verlangen das auch von allen Anderen. Sie haben völlig aus dem Blick verloren, dass Gott mit seiner Liebe den Menschen – vor allem den belasteten und leidenden – helfen will und dass ***dafür*** alle Gebote da sind.

Dabei ist das gehörte Beispiel mit dem Händewaschen zwar typisch, aber noch vergleichsweise harmlos. Jesus nimmt es – wie das Markus-Evangelium weiter erzählt – zum Anlass, auf viel Brisanteres aufmerksam zu machen (vgl. Markus 7,10-13):

Er zitiert das vierte Gebot und kritisiert die Pharisäer: *„Gott hat gesagt: Ehre Vater und Mutter!, ... Ihr aber lehrt: Wer zu Vater oder Mutter sagt: Was ich dir schulde, erkläre ich zur Opfergabe!, ..."* Gott wollte, dass die alten Eltern noch eine gute Lebensgrundlage haben; die erwachsen gewordenen Kinder schulden den Alten die Sorge für ihren Lebensunterhalt. Aber nun hatten die Pharisäer einen bekannten Trick erfunden: Ich brauche das Geld, das ich den Eltern schulde, nur als Opfergabe für Gott zu erklären, dann bin ich frei von der Verpflichtung, für die Eltern zu sorgen. Sie halten sich zwar an den Buchstaben des Gesetzes, missachten aber völlig den Sinn: Man benutzte Gott und seine Weisung, um habgierig und egoistisch den Eltern ihr Recht und ihre Ehre zu nehmen. Nach außen hin: Gebot korrekt erfüllt. Aber Gottes Absicht total verfehlt. *„So setzt ihr durch eure eigene Überlieferung Gottes Wort außer Kraft."*

Ja, Jesus wird zornig, er schimpft. Denn er leidet mit den – bedürftigen – Menschen, denen die Erfahrung von Gottes Liebe vorenthalten wird – und das auch noch unter pervertierter Berufung auf ihn. Jesus nimmt den Forderungen der Pharisäer ihre Autorität, indem er Klartext spricht. Dabei nimmt er in Kauf, sie verletzend bloßzustellen – als religiöse Heuchler, die die Menschen religiös knechten, statt ihnen beizustehen bei der Suche nach einem Zugang zu Gott.

Gegen die Leidenden schimpft Jesus nie, oft aber gegen die, die mit Autoritätsanspruch auf die Menschen einwirken und dabei ihr Leiden vertiefen. Er kann es einfach nicht haben, wenn Menschen, die Gott suchen, unmündig gemacht werden, wenn ihnen Gottes liebevoll entlastende, Auswege eröffnende Wegweisung verdunkelt wird und statt dessen einengende, nicht einleuchtende Forderungen gestellt werden.

Auf dem damaligen religiösen Markt mit seiner Pluralität von hellenistischem, römischem, samaritanischem, persischem und mittendrin auch dem jüdisch-biblischen Denken war das für Menschen, die nach Perspektive und Orientierung fragten, doppelt untauglich.

Gibt's so was heute auch? Was sagt Jesus heute – da und dort – oder überhaupt – zur vorherrschenden Atmosphäre, zum herrschenden Stil und Geist – wie Gott erfahren werden kann und was das mit dem Leben von Menschen macht?

Kurz bevor er Papst wurde, erkannte Kardinal Ratzinger an, das Christentum erscheine heute vielen Menschen als eine von alten Geboten belastete Tradition, „als eine jener großen Institutionen, die auf unseren Schultern lastet". Wenn man aber den christlichen Glauben verstehen und als Quelle der Freude erleben wolle, dann sei es „entscheidend, an diesen grundlegenden Punkt" einer persönlichen Christusbeziehung zu gelangen.[1] Als Papst Benedikt beklagte er das erneut: Es brauche eine Rückbesinnung auf die im christlichen Glauben grundlegende „positive

Option"! [2]

Im Zustand eines gerade noch innen drinnen glimmenden Aschehaufens ist ja die Begeisterung für ein vom christlichen Glauben geprägtes Leben nicht nur bei so genannten „Fernstehenden" oder „Karteileichen" der Kirche. Nein, auch als regelmäßiger Kirchgänger spürt man immer wieder so eine Fremdheit: Manches kann man nicht richtig mitvollziehen. Es kommt nicht von innen – man steht nicht dahinter ...

Kein Wunder: Von wem hab ich schon mitgekriegt, dass er – oder sie – wirklich dahinter steht und weiß, was er meint, wenn er sagt „Ich glaube" oder „Amen"?! Ist es nicht so, dass auch für unsereins so Manches wie eine seelenlose Pflichtübung wirkt und kraftlos oder gekünstelt oder aufgesetzt?

Etwa wenn im Gottesdienst nach Worten des Evangeliums wie im genannten Abschnitt, dem Brauch entsprechend, angefügt wird „Evangelium unseres Herrn Jesus Christus" und alle antworten „Lob sei dir, Christus!" – nach solchen Worten, die nachdenklich machen können oder die ermutigen wollen, einem Problem ins Auge zu schauen?! „Lob sei dir, Christus!", weil du's diesen Heuchlern so toll gegeben hast? Das kann's doch nicht sein! Aber – Lob wofür? – Nur um ein kleines alltägliches Beispiel zu nennen. Mir persönlich geht es dabei so: Auch wenn ich in meiner Grundorientierung durchaus davon ausgehe, dass auf das Evangelium, also auf Gottes gute Botschaft, die eigentlich angemessene Antwort ein vertrauender Dank und frohes Gotteslob ist, dann brauche ich doch nach solchen Texten Zeit. Für einen Weg. Hoffentlich führt mich die sich dann anschließende Predigt auf diesem Weg nach vorn! Um ehrlich und nicht vorschnell in Gottes Lob einzustimmen, lasse ich das dann lieber in mir wachsen bis zum „Hochgebet", dem großen Lob- und Dankgebet. Hoffentlich bin ich dann so weit – und hoffentlich in Gemeinschaft mit anderen, die auch wissen, was sie tun, um darin Gott freudig zu loben – aus ganzem Herzen. Gerade wenn bis dahin ein so sperriges Bibelwort für mich zur Freude werden konnte, zum Beispiel weil es sich mir als Ermutigung zu Ehrlichkeit und Echtheit erschlossen hat. Das wird mir dann zu einem Ort der Freude und zur Kraftquelle. Da kann ich dann ahnen bis spüren, ja gewiss sein: Das ist Gottes Heiliger Geist!

Viele von uns haben es selber erlebt: Eine Begeisterung, unangefochten, in Kinderjahren. Ja, viele von uns waren in einer bestimmten Phase Feuer und Flamme für den Glauben, die Kirche, für Gott, ... Und viele Eltern möchten das gerne auch heute ihren Kindern wieder möglich machen. Aber – viele Erwachsene sehen sich dann rettungslos überfordert, wenn sie den heranwachsenden Kindern die Fragen beantworten wollen, auf die sie mit ihrem eigenen persönlichen Glauben Rede und Antwort stehen sollen.

Viele stecken da oft selber noch in den Kinderschuhen – oder sie erleben ihre eigene Klarheit und Kraft im Glauben so geschwächt und auf Sparflamme, dass daran jedenfalls niemand – auch nicht das eigene Kind – sein Glaubensfeuer entfachen kann.

Es fehlt uns doch weitgehend – und zwar überall in der Kirche, und das ist schlimm – eine zuverlässig vorfindbare und nachhaltig tragfähige Art und Weise, erwachsen zu glauben: verantwortlich und frei, im frohen Wissen um den liebenden Gott, in lebendiger Beziehung zu ihm und in erfahrbarer Weggemeinschaft mit anderen, die das auch wollen.

Im Raum steht die Frage nach der Entschiedenheit, dem Feuer und der Lebendigkeit des eigenen, persönlich verantworteten Glaubens. Auch ein in christlicher Umgebung aufgewachsener Mensch braucht die Erfahrung, dass ihn die Botschaft des Glaubens, dass ihn Gottes Zuwendung tatsächlich und immer wieder neu persönlich trifft.

Viele Menschen haben eine Sehnsucht danach: eine Sehnsucht, das Feuer neu zu entfachen. Eigentlich ist diese Sehnsucht Normalzustand und Wesensmerkmal von Christen in der Kirche. Aber wo finden wir einen Weg wirklich erwachsenen Glaubens, der unserer Sehnsucht nach einem erfüllten Leben mit Gott gerecht wird und auf dem das Feuer neu entfacht wird?! Wie können wir dahin kommen und wie können wir uns gegenseitig beistehen – in der Kraft von Gottes liebendem Geist, dass wir aus dem Herzen, also aus einer starken inneren Haltung heraus, an Jesus Christus glauben und dann deshalb vertrauensvoll auf die – menschlich überlieferte – Weisung Gottes glaubend achten?

Unter dem Titel „Erwachsenwerden im Glauben“ hat der damalige Limburger Bischof Franz Kamphaus im Jahr 2005 an die Gemeinden geschrieben: „... Wachstum vollzieht sich in Reifungsschritten .... Erwachsenwerden im Glauben, das setzt eine bestimmte Lebenshaltung voraus: den Mut, auch in schwierigen Zeiten am Ball zu bleiben und der inneren Sehnsucht zu folgen. ... Bei vielen ist der Glaube buchstäblich in den Kinderschuhen stecken geblieben und hat mit dem Heranwachsen und Erwachsenwerden nicht Schritt gehalten. Sie dürfen sich nicht wundern, wenn er ihnen immer ferner rückt und eines Tages gänzlich abhanden kommt. Wenn der Glaube heranreifen und erwachsen werden soll, dann müssen wir Energie darin investieren – nicht weniger als sonst beim Zugewinn von Erkenntnis und Know-how. ...“

Seit den Neunzigerjahren laden im gesamten deutschen Sprachraum Gemeinden und kirchliche Zentren unter dem Motto „Das Feuer neu entfachen“ dazu ein, auf „Wegen erwachsenen Glaubens“ eine lebendige Beziehung zu Jesus Christus zu finden (vgl. www.weg-vallendar.de und www.wege-erwachsenen-glaubens. org). In einer Art Glaubenskurs geht es dabei immer wieder um Gottes Liebe, um sein großartiges Angebot der Freundschaft zu jedem Menschen. Auf dieses Angebot reagieren wir ja nicht einfach mit selbstverständlicher Offenheit, sondern auch mit Zurückhaltung und Ablehnung. Es ist keinesfalls selbstverständlich, diesem Angebot zu trauen. Natürlich will ich – wie jeder Mensch – glücklich leben! Aber traue ich die besten Chancen dafür Gott zu und meinem Glauben an ihn? Kann ich frei und mündig, verantwortlich und in innerer Stimmigkeit „Ja“ sagen zu seinem Angebot? Dementsprechend regt der „Kurs“, der meistens etwa acht Wochen dauert, behutsam und Schritt für Schritt zu einer lebendigeren Gottesbeziehung an – im Vertrauen auf die vergebende, versöhnende und Heil wirkende Kraft von Gottes Erbarmen. Jesus hat ja gesagt: *„Ich bin gekommen, damit sie das Leben haben und es in Fülle haben!"* (Johannes 10,10)

---

[1] zit. nach Hubert Lenz in www.weg-vallendar.de /uploads/wenn_die_botschaft_mitten.pdf

[2] Interview in Castelgandolfo am 5. August 2006

3 Reich Gottes – darauf kannst du dich verlassen!

Wie geht das: ein Leben im Vertrauen auf Gott und in der Hoffnung auf seine Zusagen gut gelingenden Lebens? ein Lebensstil, mit dem wir dem zugesagten „Reich Gottes" trauen – obwohl man auch fürchten könnte, dass das alles ziemlich unwahrscheinlich und unzuverlässig ist?

Der Autor des alttestamentlichen Buchs der Weisheit - einer der bedrängten gläubigen Juden im ägyptischen Alexandria im letzten Jahrhundert vor Christus - will schon seinen Glaubensgenossen damals genau auf solche Fragen eine Antwort geben. Wie geht er da dran? Erst einmal erinnert er sie an die alten Israeliten, die in Ägypten in der Unterdrückung lebten, und an das, wie ***ihre*** Hoffnung aussah, als Gott ihnen zugesagt hatte, er würde sie in die Freiheit hinaus führen:

„Die Nacht der Befreiung wurde unseren Vätern vorher angekündigt; denn sie sollten zuversichtlich sein und sicher wissen, welchen eidlichen Zusagen sie vertrauen konnten. So erwartete dein Volk die Rettung der Gerechten und den Untergang der Feinde. Denn im Verborgenen feierten die frommen Söhne der Guten ihr Opferfest; sie verpflichteten sich einmütig auf das göttliche Gesetz, dass die Heiligen in gleicher Weise Güter wie Gefahren teilen sollten, und sangen schon im Voraus die Loblieder der Väter." (Weisheit 18,6-9)

Das unterdrückte Volk in Ägypten hat die Zusage bekommen: Ich werde euch befreien, hinaus führen. Und sie haben sich einfach daran fest gehalten, waren überzeugt, dass Gott das tun wird. Obwohl sie erst einmal nur das Gegenteil gesehen haben! Trotzdem: Sie haben gewartet, gehofft. Wie? Sie haben gefeiert, im voraus „die Loblieder der Väter gesungen" und sich gegenseitig verpflichtet, die Güter, die sie haben, ihre Habe, zu teilen – ebenso wie die Gefahren.

Solche Festigkeit im Zutrauen nennt dann später der Hebräerbrief (vgl. Hebräer 11,1-11) als Grundlage eines gelebten „Glaubens": *„Glaube ist: Fest stehen in dem, was man erhofft, überzeugt sein von Dingen, die man* [noch?] *nicht sieht. Aufgrund dieses Glaubens haben die Alten ein ruhmvolles Zeugnis erhalten."* Und er verweist auf die uralte Überlieferung von Abraham und seiner Frau Sara: *„Aufgrund des Glaubens gehorchte Abraham dem Ruf, wegzuziehen in ein Land, das er zum Erbe erhalten sollte; und er zog weg, ohne zu wissen, wohin er kommen würde."*

Abraham hatte gehört: Ich führe dich in ein wunderbares Land. Er glaubt der Zusage, obwohl er schon in einem guten Land lebt. Was tut er? Er bricht auf, zieht weg.

Und: *„Aufgrund des Glaubens empfing selbst Sara die Kraft, trotz ihres Alters noch Mutter zu werden; denn sie hielt den für treu, der die Verheißung gegeben hatte."* Sarah, die alte Frau. Noch nie ein Kind gehabt. Alle Hoffnung auf ein Kind vorbei. Sie hört von Gott die Zusage: Du sollst innerhalb eines Jahres Mutter werden! Sie verlässt sich drauf. Und das bringt ihr eine ganz neue Kraft, eine ganz neue Lebenseinstellung. Und sie bekam den Sohn: Isaak.

Und dann Jesus: Er erneuert die alten Zusagen. Er spitzt sie sogar zu. Und das obwohl die Zeichen der Zeit ziemlich dagegen sprachen. Kein Wunder, dass die Menschen Schwierigkeiten hatten, ihm zu glauben. So waren sie eine ziemlich kleine Clique, seine Leute, häufig geplagt vom Zweifel am Reich Gottes, das angeblich jetzt mit Jesus kommen würde. Was sagt Jesus dazu?

„Fürchte dich nicht, du kleine Herde! Denn euer Vater hat beschlossen, euch das Reich zu geben. Verkauft eure Habe und gebt den Erlös den Armen! ...Legt euren Gürtel nicht ab und lasst

eure Lampen brennen! Seid wie Menschen, die auf die Rückkehr ihres Herrn warten, der auf einer Hochzeit ist, und die ihm öffnen, sobald er kommt und anklopft. Selig die Knechte, die der Herr wachend findet, wenn er kommt! Amen, ich sage euch: Er wird sich gürten, sie am Tisch Platz nehmen lassen und sie der Reihe nach bedienen. Und kommt er erst in der zweiten oder dritten Nachtwache und findet sie wach - selig sind sie. Bedenkt: Wenn der Herr des Hauses wüsste, in welcher Stunde der Dieb kommt, so würde er verhindern, dass man in sein Haus einbricht. Haltet auch ihr euch bereit! ..." (vgl. Lukas 12,32-40)

Er spricht die an, die sagen: Ach was sind wir eine kleine Schar! Und mit so wenigen – wie soll denn da Gott seine Zusage schaffen! Wie soll er denn da das verwirklichen, was er versprochen hat, nämlich uns sein Reich zu geben?! – Und Jesus: Lasst euch nicht durch die Angst blockieren! Verlasst euch drauf! Gott ist treu! Gott hat es beschlossen! – Und dann will er animieren, was wir da tun können: Was wir haben, verkaufen, und den Erlös den Armen geben. – Das klingt nach dem Satz aus dem Alten Testament: „Sie verpflichteten sich gegenseitig, Güter und Gefahren zu teilen." ***Ihre*** Vorbereitung auf die angekündigte Nacht der Befreiung. Jesus nennt als Vorbereitung auf sein Reich: die Habe verkaufen und den Erlös den Armen geben. – Weiter sagt er: Wach sein, bereit sein für das Gute, damit es geschehen kann, damit man sich eben freuen kann, wenn der Familien- oder Hausvater oder -herr von der Hochzeitsfeier wieder nach Hause kommt und man sich mit ihm noch zusammen freuen kann und ihn nicht erst verschlafen am nächsten Tag wieder sieht, wo das alles schon vorbei ist. Wach sein, bereit sein zur Abwehr des Bösen, etwa einen Einbruch im Haus in der Nacht. Wenn man wach ist und bereit ist, darauf eingestellt ist, dass das kommt, dann kann man dieses kommende Böse abwehren oder kann das kommende Gute auch wirklich erleben! Deswegen sagt er: „Behaltet den Gürtel an! Bleibt bereit, dass ihr noch aus dem Haus hinausgehen könnt!" „Lasst eure Lampen brennen, damit ihr auch sehen könnt, was sich abzeichnet!"

Sind das etwa Verhaltensweisen, die uns fremd sind? Wir praktizieren solche Verhaltensweisen alltäglich – in der Hoffnung. In der Hoffnung auf was?

Jemand kommt zu mir und sagt ganz begeistert, schwärmend: „Ich hab ein Buch gelesen – das musst du unbedingt auch lesen – du wirst begeistert sein!" Wenn ich die Zusage höre, das kann mich begeistern, und wenn ich dem traue – was werde ich tun? – Ich werde nicht die Hände in den Schoß legen und hinterher sagen: Die Zusage ist nicht eingetroffen! Ein leeres Versprechen! – Nein: Lesen!

Oder wenn sich ein Besuch angekündigt hat – jemand, den wir lange nicht gesehen haben, über den wir uns freuen, dass er endlich mal wieder kommt. Wenn ich der Zusage traue, dass dieser Besuch wirklich kommen wird – wenn ich darin feststehe in der Überzeugung, obwohl ich es noch nicht sehe, dass er wirklich kommt – was wird das für Folgen für mich haben? – Wohl zwei. Die eine: Alles was ich tue und erlebe, werde ich in besserer Laune tun und erleben. Und das Andere: Ich werd die entsprechenden Vorbereitungen treffen, damit es eine schöne gemeinsame Zeit mit dem Besuch wird.

Oder – nach Kriegsende – die Trümmerfrauen: Irgendwann haben sie plötzlich gehört, verstanden: Es wird wieder werden! - Was haben sie gemacht? - Nicht die Hände in den Schoß gelegt, sondern gemeinsam malocht.

Wir tun so was auch im Gottesdienst: Am Anfang jeder Eucharistiefeier, schon bevor wir die Botschaft gehört haben, singen wir „die Loblieder der Väter": „Ehre sei Gott in der Höhe!" Und noch bevor das Evangelium – Erzählungen und Worte von Jesus selbst – uns vorgelesen wurde, „springen" wir schon freudig singend auf: „Halleluja!" Hoffnung. Vorfreude.

Und so ist es eben nicht nur in unseren alltäglichen Dingen. So sieht es auch mit unserer Hoffnung auf das zugesagte Reich Gottes aus.

Dabei fällt mir auf: Die biblischen Beispiele und viele alltägliche sind Beispiele ***gemeinschaftlich*** gelebter Hoffnung. Sie sorgen miteinander für die Erfüllung der Zusage. Und das weitet sich dann unglaublich aus. Das kann dann Kraft geben – weit über den eigenen Lebenshorizont hinaus. Wenn Menschen – wie Noach – die Zusage von Gott hören: *„Nie wieder sollen alle Wesen aus Fleisch vom Wasser der Flut ausgerottet werden; nie wieder soll eine Flut kommen und die Erde verderben."* (Genesis 9,11) Wenn sie dieser Zusage glauben, obwohl so vieles dagegen spricht, wie sieht dann diese Hoffnung praktisch aus? – Sie setzen sich ein – selber – aus der Kraft, die diese Hoffnung gibt. Sie setzen sich ein, die Schöpfung zu bewahren.

Oder – wer die Zusage hört: „Es gibt Zukunft! Ich gebe sie euch – gute Zukunft, Gottes Reich!" Solche Menschen werden sich wieder trauen, Kinder zu zeugen und in diese Welt zu setzen.

Und Menschen machen sich ***dann*** dran, so zu hoffen – viel leichter dann – wenn sie ***gemeinsam*** hoffen; wenn sie voneinander wissen, wer da noch ist, der solche Hoffnung hat, der so fest steht in solchem Glauben; wer sich fest hält an der Überzeugung, obwohl noch nichts davon zu sehen ist, dass es wahr wird.

Wir müssen die Hoffnung, die wir haben, einander zeigen, damit wir sie aneinander erkennen können. Damit ich weiß, wer außer mir auch noch die Hoffnung auf das „Reich" hat. Wenn die Herde auch klein ist. Unsere Hoffnung wird dann stärker werden. Dann hat Gott wohl die Möglichkeit, schneller und umfassender seine Zusagen wahr zu machen. Glaube ist ja: „Feststehen in dem, was man erhofft, Überzeugtsein von Dingen, die man (noch) nicht sieht." Ausdauer. Die Hände regen. Mit einem hoffenden Herzen. Und das als hoffende Gemeinde gemeinsam tun! „Denn euer Vater hat ***beschlossen***, euch das Reich zu geben!"

Frei vom Zwang!

Alte Menschen. Sie haben im Lauf der Woche, die sie beisammen gewesen sind, die Zusage gehört: Ihr müsst euch nicht weiterhin durch die Zwänge festlegen lassen, die Rolle eines alten Menschen zu spielen, so wie man das von euch erwartet. Ihr dürft auf die Freiheit hoffen, ihr selbst zu sein.

Was hat das für diese alten Menschen zur Folge gehabt?

Nach einer Pause war ich als Erster wieder da. Ich spielte mit einem Ball. Als 2 oder 3 weitere Personen dazu kamen, warfen wir ihn uns gegenseitig zu. Sobald einige mehr da waren, brachte ich einen zweiten Ball ins Spiel. Da der zweite Ball verwirrend wirkte, fing ich an, die angezielten Personen mit Vornamen zu rufen, was von den anderen gleich aufgegriffen wurde. Nach einer Weile nahm ich ein Kissen und warf es: „Hermann!" Lachend nahm die Gruppe das Kissen ins Spiel auf. Man musste mit viel mehr Wucht werfen als beim Ball. Dann ein zweites dazu und ein drittes, etwa zehn Kissen. „Anneliese!" „Rainer!" Es ging wild durcheinander und mit viel Lachen und mit Stimmen, die befreit losgelassene „Aggressivität" ahnen ließen. Ich hatte gedacht, nach 5 Minuten wäre die „Kissenschlacht" beendet. Aber erst nach einer halben Stunde hörten die ersten und dann schnell auch alle anderen auf und ließen sich erschöpft lachend auf die bereit stehenden Stühle fallen.

Aus dem anschließenden Gespräch:

„Sie haben alle zu Hause irgendwelche Nachbarn. Jetzt denken Sie bitte an eine bestimmte Person aus Ihrer Nachbarschaft. Und dann stellen Sie sich vor, diese Person wäre eben hier vorbeigegangen und hätte das alles gesehen und Sie dabei erkannt. ..." Ich konnte den Satz nicht fertig aussprechen. Hände wurden über dem Kopf zusammengeschlagen. „Die sind vielleicht verrückt!" „Diese doofen Alten!" „Die Alten werden wieder kindisch!" ... Aufgestaute Wut bahnte sich einen Weg. Wut über die Zwänge der gesellschaftlich verordneten Rolle, wie ein alter Mensch sich zu verhalten hat und wie nicht.

Schließlich haben wir gemeinsam nachgedacht und uns ausgetauscht, was das den Beteiligten für ihr Lebensgefühl bedeutet, für ihren Wunsch nach Selbstbestimmung und Individualität. Einige drückten es aus und es war allgemein zu spüren, dass die „Kissenschlacht" und das anschließende Gespräch Mut machten, sich weniger durch Rollenerwartungen bevormunden zu lassen und sich mehr Freiheit zu gönnen.

Das war ein Augenblick der Hoffnung. Weil das Zutrauen gegenüber dem kommenden „Reich Gottes" die Oberhand gewonnen hatte.

4 Jesus verkörpert Gottes Zuverlässigkeit

„Jesus ging in ein Haus, und wieder kamen so viele Menschen zusammen, dass er und die Jünger nicht einmal mehr essen konnten. Als seine Angehörigen davon hörten, machten sie sich auf den Weg, um ihn mit Gewalt zurückzuholen; denn sie sagten: Er ist von Sinnen." (Markus 3,20-21)

Er ist von Sinnen, er ist wahn-sinnig, verrückt! – So sagen seine Angehörigen. Da denke ich an die Zeit der nationalsozialistischen Herrschaft in Deutschland: Da gab es auch Menschen, die gesagt haben: Nein, so darf es nicht weitergehen, ich gehe in den Widerstand. Oder konkret: Ich mach jetzt den Mund auf oder tue dies und das – und da haben dann auch zu solchen Menschen ihre Angehörigen gesagt: Du bist ja verrückt! Wenn die dich schnappen! Ich will nicht, dass du stirbst. Du bist mir zu schade dafür. Nein, wenn du das machst, bist du verrückt. Du wirst mit deinem Leben bezahlen. Und was hast du dann davon? – Oder ähnlich. – Angehörige machen sich oft Sorgen, wenn jemand sich intensiv einsetzt und wenn das Risiken bringt.

Die Angehörigen von Jesus wollen ihn „mit Gewalt" zurück holen, wegholen von dem, was er tut. Weil sie ihn lieben. Aber obwohl sie ihn lieben, sind sie nicht einverstanden mit dem, was er tut. Und was ist das, was ihnen Probleme schafft, was sie veranlasst, zu sagen, er sei „von Sinnen"?

Im neutestamentlichen Hebräerbrief wird es so beschrieben und gedeutet (vgl. Hebräer 9,2-3.11-14): Jesus hat als „makelloses Opfer" gelebt. Wir nennen die Märtyrer ja auch „Blut-Zeugen". Sie haben mit ihrem ganzen Leben – nicht nur mit schönen Worten! – den Retter Jesus Christus bezeugt bis aufs

Blut; das heißt: Sie mussten mit ihrem Leben bezahlen. Egal ob Blut geflossen ist oder nicht, aber wir nennen das eben „mit dem Blut bezahlen". Oder – der Hebräerbrief an anderer Stelle nennt es: „Ihr habt noch nicht bis aufs Blut widerstanden" (Hebräer 12,4) – bis zum Tod also. „Blut" als Inbegriff des Lebens.

„Makelloses Opfer" – das ist: unbeeinträchtigt durch irgendeinen Widerspruch. Sein ganzes Leben war konsequent, ein Einsatz für das, was er wollte – für das, was Gott wollte, nämlich für das Heil der Menschen. Nicht die Angst um sein eigenes Dasein hat ihn geprägt, sondern ganz dieser Einsatz für den Menschen, für ein volles menschliches Leben aller.

Da hat es endlich einen gegeben, an dem man sehen kann, wie wichtig Gott es ist, dass wir Menschen leben können! Da hat es endlich einen gegeben, der sich so eingesetzt hat, so konsequent, dass Menschen, die sich um ihn gesorgt haben, gesagt haben: „Der ist verrückt!" Denn so etwas gibt es normalerweise nicht. Aber er ist der Anfang gewesen, und er hat andere anstecken können. Und so geht es weiter, und so „lebt" er in Anderen, lebt in der Kirche, in der Gemeinschaft derer, die sich auch trauen, einen solchen Weg zu gehen: die Gemeinschaft der „Verrückten"; derer, die von Sinnen sind, die, weil sie auf diesen Jesus Hoffnung geschöpft haben, selber den Mut haben, konsequent an die Liebe Gottes zu glauben und deswegen das tun, was nach dem Urteil der Welt verrückt ist, „von Sinnen".

Es gibt manche zeitgenössischen Theologen oder auch Schriftsteller (z. B. Sören Kierkegaard, Harvey Cox), die Jesus im Bild des Clown, im Bild des Narren darstellen: Menschen verspotten ihn, sie verhöhnen ihn, machen sich lustig über ihn! Aber er geht seinen Weg weiter. Das ist seine Erfüllung, der Sinn seines Lebens, seine Lebensaufgabe, sein Weg! Da ist er eins mit sich selber. Sich ganz einsetzen, sich ganz hingeben für dieses Ziel, sich ganz opfern! Und sich so zu opfern, – das ist eben nach gängigen Maßstäben verrückt. Nur zum Glück – wir können vor allem anderen ***dafür*** Gott dankbar sein – hat er durchgehalten, weil sein Vertrauen zum Vater in ihm so stark war. Er hat sich nicht billig angepasst, er hat sich nicht hindurchlaviert, er war immer er selber. Makellos. Immer war an ihm zu sehen, wofür er mit seinem Leben Zeugnis ablegt!

Das Risiko, das er dabei eingegangen ist, ist eingetroffen. Und wie können wir froh sein, dass er sich in der höchsten Gefahr, in der stärksten Bedrohung nicht davon hat abbringen lassen! Deswegen danken wir Gott vor allem dafür, dass er seinen Sohn hat in den Tod gehen lassen. Weil sein Tod ja – das stärkste Zeichen! – am glaubwürdigsten gemacht hat, wie wichtig Gott seine Liebe zu uns Menschen ist! Wir feiern immer wieder diesen Tod von Jesus, weil er damit deutlich gemacht hat, wie verrückt Gott uns liebt. Menschen, die ihm nachfolgen, diesem Jesus, lassen sich von ihm anstecken und tun dieses Verrückte auch, lassen sich anstecken von seinem Glauben, von seiner Hoffnung: dass das, was nach menschlichen Maßstäben wahnsinnig ist, höchst sinnvoll ist; trauen sich, das zu leben – bis aufs Blut; werden eins mit dem Opfer von Jesus Christus. Und solche Menschen finden die größte Freude, dass sie das feiern dürfen in dem Zeichen, das er uns überlassen hat: Eins werden mit ihm, seinen Tod essen – im Bewusstsein: Mein tägliches Brot, das ist: eins werden mit deinem Leben, mit deinem Sterben – mit deinem Leben, das sich einsetzt! Das ist mein tägliches Brot, und das macht mir die Freude des Lebens: zu sehen, dass ich wirklich diesen Weg gehen kann, und dass ich ihn weiter gehe; dass ***du*** mich diesen Weg weiter führst – in der großen Gemeinschaft all derer, die darin mit dir eins sind – Einheit des Heiligen Geistes, wie er aus Jesus handelt – damals und heute!

„Protokoll der Aussagen eines Überlebenden“

Im Haus war Feuer ausgebrochen. Der Mann aus dem ersten Stock hatte es entdeckt. Es war 11 Uhr 55, als er durchs Treppenhaus brüllte: „Es brennt! Es brennt! Alle raus!“ Da flog im dritten Stock eine Tür auf, und jemand rief zurück:

„Unruhestifter! Ihnen sollte man die Wohnung kündigen!" Der kränkelnde Mann von nebenan trat an ihn heran und beschwor ihn mit seiner leisen Stimme: „Seien Sie doch bitte nicht so laut. Ich hab Ihnen doch nichts getan!" Eine schnippische junge Frau von ganz oben lehnte sich über das Treppengeländer herunter: „Ich lass mich von Ihnen nicht unter Druck setzen!" Und der Student, der immer ohne jede Bezahlung für den kränkelnden Alten die Hausordnung erledigt hatte, kam ein Stockwerk herunter und entgegnete ihm ruhig und bestimmt: „Hör mal, du kannst uns hier zu gar nichts zwingen. Meinetwegen vereinbaren wir jetzt einen Termin für eine Hausversammlung. Da können wir dann diskutieren, ob etwas zu tun ist und gegebenenfalls was." Immer lauter brüllte der andere: „Es brennt! Es brennt!" „Das ist deine Meinung; ich seh das ganz anders", sagte jemand neben ihm und verschwand wieder in der Wohnung. Es war noch zu hören, wie er zu jemand anderem hinzufügte: „Der macht ein Theater! Der sollte mal in Erholung fahren!" Sein Freund, der für ein paar Tage bei ihm zu Besuch war, kam ins Treppenhaus und redete ihm ins Gewissen: „Mann! Hab doch Geduld, und bleib gelassen! Du darfst das nicht so eng sehen. Wie kannst du über diese Menschen so urteilen! Du behauptest ja, die Leute im Haus hätten nicht genug Vorsorge getroffen, um ein Feuer zu verhindern!" Im letzten Jahr hatte der Lokalpolitiker, der auch hier wohnte, für die Hausbewohner durchsetzen können, dass hinter dem Haus sowohl ein Kinderspielplatz als auch ein Parkplatz angelegt wurde. Seine Stimme tönte jetzt unverkennbar durch den Lärm: „Sie sind für eine solche Behauptung ja wohl nicht kompetent. Ob es hier brennt oder nicht, müssen Sie schon dem Urteil von Fachleuten überlassen!" Eine andere Nachbarin schluchzte auf: „Diese Vorwürfe! Ich kann doch nichts dafür!", setzte sich auf die Treppe und weinte vor sich hin. Und der immer um Ruhe und Ordnung besorgte Große mit dem Namensschild „G.V." an der Wohnungstür: „Vielleicht sind Sie da etwas zu rigoros. Natürlich darf das Haus nicht abbrennen. Aber möglicherweise gehen die Flammen ja auch von alleine wieder aus." Und – abgewendet – murmelte er: „Hat ***der*** ein Sendungsbewusstsein! Tut, als ob er Jesus wäre!"

„Es brennt! Es brennt!" brüllte er weiter. Aber langsam wurden die anderen Stimmen lauter als die seine: „Lassen Sie mich in Frieden", sagte die eine Frau, „mein Mann will das Essen um 12 Uhr auf dem Tisch haben." Und der rechthaberische Typ mit der dicken Brille: „Ja, warum ist denn die Feuerwehr noch nicht da, wenn es brennt!"

Später stellte sich heraus, dass noch keiner die Feuerwehr alarmiert hatte. Immer aufgeregter rief es von überall her durcheinander: „Was will er eigentlich? Der redet so kompliziert! Soll er doch mit einfacheren Worten sagen, was er meint!" – „Der hat ja 'ne Macke!" – „Der ist heute wieder aggressiv!" – „Unverschämtheit, so makabre Scherze! Der soll sich nicht so wichtig machen!" – „Bestimmt hat er das Feuer selber gelegt; man kann es ja schon riechen!" Einer, den schon als Kind Feuerchen aller Art fasziniert hatten: „Perfektionist! Wegen ein paar Flämmchen macht der einen Aufruhr!" Und immer leiser kam der Ruf: „Es brennt. Es brennt." Bis jemand sagte: „Wenn es wirklich brennen würde, dann würde der das sicher etwas lauter rufen."

Das Feuer hatte im Treppenhaus angefangen. Bis die Leute zur Kenntnis nahmen, dass es wirklich brannte, stand die Holztreppe so in Flammen, dass kein Durchkommen mehr war. Die Feuerwehr wurde erst von irgendeinem draußen alarmiert, als die Flammen schon nach dem Nachbarhaus griffen. Die Bewohner des Hauses kamen alle um, die einen in den Flammen, die anderen beim verzweifelten Sprung aus dem Fenster ihrer Wohnung.

Einige Leser des Protokolls fragten sich, warum denn der Rufer nicht selber das Feuer löschte oder die Feuerwehr rief. So ersparten sie sich andere Fragen.

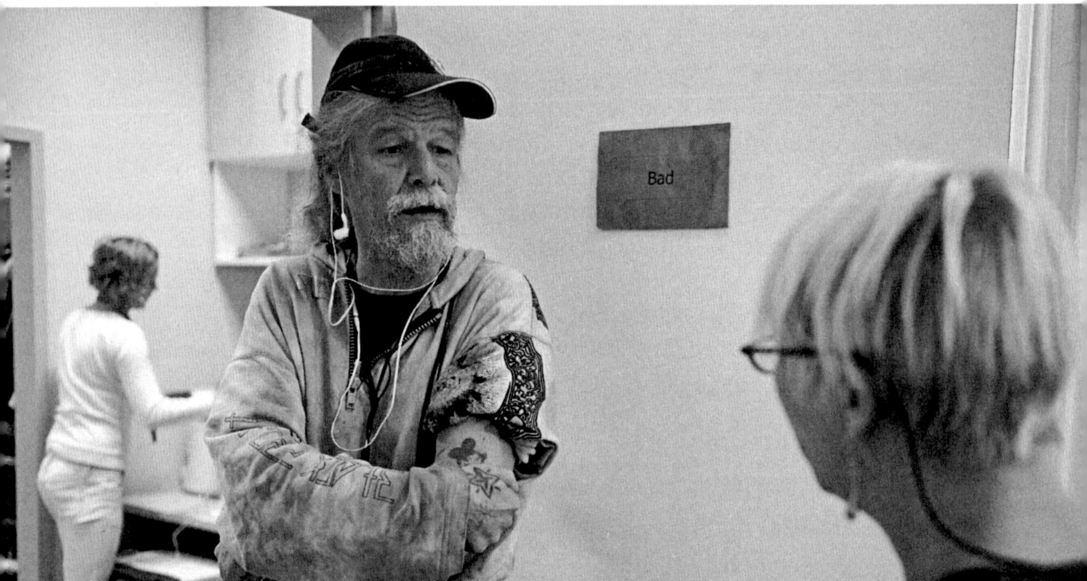
Bad

Hier wird der Mensch geachtet

Sie kennen das, „festgenagelt" zu sein? Vor allem durch das, was man sich selbst verbaut hat, woran man selber schuld ist? Jeder Einzelne von uns hat das schon erlebt. Werturteile bieten sich dann an. Lohn und Strafe „herrschen" als Prinzip. Oft auch im eigenen Herzen sich selbst gegenüber. Das Ergebnis: Menschenverachtung vom einfachen Vorwurf bis hin zur vollständigen Ausgrenzung.

Der Gott, der solchem Tun begegnet, kann das nicht hinnehmen. Er bricht diese Muster einfach auf: Wem die Beteiligung am Leben verweigert wird, dem stößt er die Türen wieder auf. Wer auf seine Schuld festgeschrieben wird, der macht mit ihm die rettende Erfahrung echter Vergebung. Und plötzlich „herrscht" ein neuer Geist! Dann gilt es, nicht nur zuzuschauen, sondern sich einbeziehen zu lassen und Teil zu sein.

5 Schuldig - trotzdem liebenswert!

Jesus ging in das Haus eines Pharisäers, der ihn zum Essen eingeladen hatte, und legte sich zu Tisch. Als nun eine Sünderin, die in der Stadt lebte, erfuhr, dass er im Haus des Pharisäers bei Tisch war, kam sie mit einem Alabastergefäß voll wohlriechendem Öl und trat von hinten an ihn heran. Dabei weinte sie und ihre Tränen fielen auf seine Füße. Sie trocknete seine Füße mit ihrem Haar, küsste sie und salbte sie mit dem Öl.

Als der Pharisäer, der ihn eingeladen hatte, das sah, dachte er: Wenn er wirklich ein Prophet wäre, müsste er wissen, was das für eine Frau ist, von der er sich berühren lässt; er wüsste, dass sie eine Sünderin ist. Da wandte sich Jesus an ihn und sagte: Simon, ich möchte dir etwas sagen. Er erwiderte: Sprich, Meister!

Jesus sagte: Ein Geldverleiher hatte zwei Schuldner; der eine war ihm fünfhundert Denare schuldig, der andere fünfzig. Als sie ihre Schulden nicht bezahlen konnten, erließ er sie beiden. Wer von ihnen wird ihn nun mehr lieben? Simon antwortete: Ich nehme an, der, dem er mehr erlassen hat. Jesus sagte zu ihm: Du hast recht. Dann wandte er sich der Frau zu und sagte zu Simon: Siehst du diese Frau? Als ich in dein Haus kam, hast du mir kein Wasser zum Waschen der Füße gegeben; sie aber hat ihre Tränen über meinen Füßen vergossen und sie mit ihrem Haar abgetrocknet. Du hast mir (zur Begrüßung) keinen Kuss gegeben; sie aber hat mir, seit ich hier bin, unaufhörlich die Füße geküsst. Du hast mir nicht das Haar mit Öl gesalbt; sie aber hat mir mit ihrem wohlriechenden Öl die Füße gesalbt. Deshalb sage ich dir: Ihr sind ihre vielen Sünden vergeben, weil sie (mir) so viel Liebe gezeigt hat. Wem aber nur wenig vergeben wird, der zeigt auch nur wenig Liebe. Dann sagte er zu ihr: Deine Sünden sind dir vergeben. Da dachten die anderen Gäste:

Wer ist das, dass er sogar Sünden vergibt? Er aber sagte zu der Frau: Dein Glaube hat dir geholfen. Geh in Frieden! (Lukas 7, 36-50)

Spüren Sie diese Mauer, die sich da aufbaut zwischen dem Gastgeber namens Simon und der Frau, die dazukommt? – eine Mauer, bei der Simon Jesus seinen Platz zuweist auf der anderen Seite der Mauer – auf derselben Seite, wo die Frau ist. Simon – diesseits seiner Mauer – ist der, der Bescheid weiß, der das Richtige tut, der völlig selbstbewusst weiß, er ist okay. Aber Jesus! Der will ein Prophet sein?

Da gibt es im Alten Testament eine – wie mir scheint – inhaltlich ganz ähnliche Erzählung. Der Prophet Natan geht zum König David und sagt:

So spricht der Herr, der Gott Israels: Ich habe dich zum König von Israel gesalbt und ich habe dich aus der Hand Sauls gerettet. Ich habe dir das Haus deines Herrn und die Frauen deines Herrn in den Schoß gegeben und ich habe dir das Haus Israel und Juda gegeben, und wenn das zu wenig ist, gebe ich dir noch manches andere dazu.

Aber warum hast du das Wort des Herrn verachtet und etwas getan, was ihm missfällt? Du hast den Hetiter Urija mit dem Schwert erschlagen und hast dir seine Frau zur Frau genommen; durch das Schwert der Ammoniter hast du ihn umgebracht.

Darum soll jetzt das Schwert auf ewig nicht mehr von deinem Haus weichen; denn du hast mich verachtet und dir die Frau des Hetiters genommen, damit sie deine Frau werde.

Darauf sagte David zu Natan: Ich habe gegen den Herrn gesündigt. Natan antwortete David: Der Herr hat dir deine Sünde vergeben; du wirst nicht sterben. (2 Samuel 12,7-10.13)

David. Finden Sie das gut, wie leicht der davon kommt?! Ist Ihnen klar, was für ein Verbrechen er begangen hat? Er hat seine Machtposition als König dazu missbraucht, mit Menschen einfach Schach zu spielen: Den General schickt er im Krieg an die vorderste Front, damit er als erster umkommt und er dann dessen Frau sich leichter krallen kann! Und dann sagt er, als er auf seine Sünde aufmerksam gemacht wird: Ich habe gegen den Herrn gesündigt. Und der von Gott beauftragte und geschickte Prophet Natan sagt ihm ganz einfach: Der Herr hat dir deine Sünde vergeben. Also die angedrohte Strafe wird ihm erspart: Du wirst nicht sterben. Das ist nach all den uns vertrauten Maßstäben ungerecht. Und das ist nach all unseren Erfahrungen und Perspektiven eine gefährliche Sache, wenn eine Gesellschaft sich so organisieren sollte. Wohin führt das denn?!

Und sehen Sie: Hier ist wieder eine Mauer. Wieder eine Mauer zwischen dem, was der Gott sagt, der da durch die Bibel spricht, und dem, was uns als selbstverständlich, ja als notwendig gilt. Hier verläuft bei uns die Mauer, die zwischen dem Gastgeber Simon und der Frau samt Jesus wächst. Es ist dieselbe Mauer. Sie steht zwischen dem Gott, der durch die Bibel spricht, auf der einen Seite und uns – wir auf der Seite des Simon, nicht auf der Seite von Jesus.

Ich unterstelle Ihnen damit etwas, meinen Sie? Unterschiebe ich Ihnen etwas? Aber ich sage „wir“ und beziehe mich ein: Beim Evangelischen Kirchentag 2001 in Frankfurt – prominente Besetzung des Podiums. Da stand unten dicht an der Bühne ein Mann; dem konnte man schon ansehen, dass er – die einen sagen vielleicht „ein Penner“, die andern sagen, „psychisch krank“ oder „nebe' de' Kapp'“ war. Der brüllte zu den Leuten auf dem Podium hin. Wie habe ich innerlich reagiert? Wie Sie vielleicht auch: „Ach, der stört! Der sollte uns zuhören lassen, was die auf dem Podium sagen!“ Nun haben aber die auf dem Podium auf den Mann hingehört und haben ihn reden lassen und sind darauf eingegangen. Zwei völlig verschiedene Reaktionsweisen. Und – ich muss es halt bekennen – bevor ich im Verhalten derer auf dem Podium eine Widerspiegelung dessen gesehen hab, was Jesus tut und immer wieder tut, damals wie heute - davor habe ich diesen Impuls gespürt: „Ach! Störer!“

Es geht um den Konflikt – nein, genauer gesagt: es geht um die Mauer zwischen den braven, anständigen, vielleicht auch frommen Normalbürgern, den angepassten, den etablierten, den jungen, dynamisch-erfolgreichen, ... und den Außenseitern. Um diese Mauer geht es – oder: statt „Außenseiter" kann ich auch sagen: dem Gott, der sich mit Vorliebe den Außenseitern zuschlägt. Und: Je erfolgreicher, dynamischer usw. einer ist, um so mehr wird er seinen Besitzstand sichern und – egal, ob das ein Individuum ist oder eine Nation – auch mit Waffen, mit Gewalt, mit Besitzanspruch sichern. Und so einer wird dann auch von den Politikern verlangen, sie sollen gefälligst seinen Besitzanspruch garantieren und seinen Besitzstand sichern. Die anderen, die sich zum Außenseiter gemacht haben – die hätten halt auch die Ärmel hochkrempeln müssen. Es geht um die Mauer in dieser Welt, die wir zementieren durch unser Verständnis von gerechtem Lohn und gerechter Strafe.

Wie hätte Natan gesprochen – in Gottes Auftrag – und wie hätte Jesus sich verhalten gegenüber dem schrecklichen Gewalttäter von Oklahoma, der 1995 durch einen Bombenanschlag 168 Menschen ums Leben brachte und 500 verletzte und dann im Jahr 2001 öffentlich – im Fernsehen direkt übertragen – per Giftspritze hingerichtet wurde? Wenn der sich bekannt hätte: „Ich habe gegen den Herrn gesündigt."? Wir müssen vermuten, Natan hätte gesagt: „Der Herr hat dir deine Sünde vergeben; du wirst nicht sterben." Und Jesus hätte es gleich in die Tat umgesetzt und ihn frei gelassen – gar noch vor dessen Bekenntnis – mit Zeichen der vollen Anerkennung seiner Menschenwürde! Da haben wir doch alle unsere Probleme damit, nicht wahr? Gestehen wir es doch ein, dass wir nicht einfach die Guten sind und auf Gottes Seite stehen! Und wenn wir noch so oft in die Kirche gehen. Gestehen wir es doch ein, dass wir an der Grenzlinie sind! – Und wenn wir uns dann ihm anvertrauen – auch samt diesem Problem, dann wird er der Retter sein – der Retter aller.

Er ist ja schließlich nicht nur der, an dem die Pharisäer und

Schriftgelehrten Anstoß nehmen, weil er zu Zöllnern und Sündern und Dirnen und was weiß ich was für Typen nach Hause geht und mit ihnen zusammen isst! Nein, er geht ja auch zu den Pharisäern. Hier zu Simon. Und liebevoll, feinfühlig begegnet er ja schließlich nicht nur den Ausgestoßenen, denen von draußen, sondern doch auch dem Pharisäer: „Simon, ich möcht' dir gern was sagen." Oder wenn er – wie im 15. Kapitel des Lukas-Evangeliums – das Gleichnis von dem Vater mit den zwei Söhnen als Antwort gibt auf die Empörung der Pharisäer und Schriftgelehrten, weil er sich mit Vorliebe den Zöllnern und Dirnen und anderen Sündern zugesellt, und dabei so feinfühlig das Gleichnis erzählt und im Gleichnis noch deutlich macht, dass der Vater dem älteren Sohn genauso viel Zärtlichkeit und Liebe entgegen bringt wie dem jüngeren. Nur – das Tragische dabei ist: Sie schlagen das Angebot aus! Simon beharrt auf seiner Mauer. Er macht sich innerlich lustig. Und die anderen, von denen im Evangelium die Rede ist – „die Pharisäer und Schriftgelehrten" werden sie immer wieder genannt – , die dasselbe Angebot der Vergebung und der Rettung und des Aufblühens von ihm gebracht bekommen, sie schlagen es aus! Der ältere Sohn will einfach nicht mit reingehen, da wo das Leben neu gefeiert und erfüllt wird; er ***will*** nicht. Und wie er hier, der Simon, auf den werbenden Versuch von Jesus ihm gegenüber am Ende reagieren wird, das wissen wir nicht, das bekommen wir nicht erzählt. Es ist die Frage an uns, welche Reaktion ***wir*** zeigen werden.

Also – Jesus sagt zu Simon: Wem nur wenig vergeben wird, der zeigt auch nur wenig Liebe. Halten Sie sich das bitte in Ihren Vorstellungen fest, was er damit sagt: Wem nur wenig vergeben wird, der zeigt – hinterher, nicht wahr – auch nur wenig Liebe. Aber wem große Schulden erlassen wurden, der macht natürlich Luftsprünge! Das will ja Jesus mit dem Gleichnis 'rüberbringen. Wenn einer Ihnen, dem Sie einen Euro schulden, sagt: „Ach, vergiss es!", sagen Sie einfach – vielleicht mit freundlichem Lächeln: „Danke." Aber wenn Ihnen, wenn Sie Schulden haben, wenn Sie verschuldet sind und vielleicht 70- oder 80000 Euro Schulden haben und Sie haben vielleicht zusätzlich das Pech, Ihren Arbeitsplatz verloren zu haben, und wenn dann der Gläubiger kommt und zu Ihnen sagt: „Die 80000, die Sie mir schulden, – hier – mit meiner Unterschrift: getilgt, vergessen, erlassen." Na, wenn Sie mal diese beiden Situationen vergleichen: Wenn Sie einigermaßen normal veranlagt sind, werden Sie dem um den Hals fallen. – Einem aber, der Ihnen gerade mal 1 Euro erlassen hat, dem werden Sie deswegen nicht gleich um den Hals fallen. Das ist die Situation, die im Evangelium gemeint ist! Und Jesus macht's ausdrücklich; er versucht ja, es den Leuten verständlich zu machen mit diesem Gleichnis. Und dann sagt er: Und deshalb sage ich, ihr sind viele Sünden vergeben, weil du das an ihr sehen kannst: Diese Frau zeigt sich als ein Mensch, der heil-froh ist über diese Riesen-Vergebung, die sie bekommen hat. Hat! Und weil wir das an ihr sehen können, du Simon und ich Jesus, deshalb sag ich dir: Ihr sind ihre ***vielen*** Sünden vergeben. Und Anlass, so zu sprechen, ist, dass sie so viel Freude, so viel Dankbarkeit, so viel Liebe gezeigt hat.

Und die Tradition der Kirche hat das Gegenteil daraus gemacht: In Anpassung an die in der Welt herrschende sogenannte „Gerechtigkeit", die aber eigentlich Vergeltung oder Rache meint und deswegen Konkurrenz und Hass hervorbringt, hat auch die Kirche in ihrer Tradition diesen Text verdreht! Und dem entsprechend hören und missverstehen ihn viele, die diesen Bibeltext in Unterricht oder Predigt kennen gelernt haben. Es ist den Menschen so in den Kopf gesetzt worden. Sogar im heutigen offiziellen Gebetbuch der katholischen Kirche, dem „Stundenbuch", ist für das Morgenlob des Sonntags, an dem diese Erzählung aus dem Lukas-Evangelium verkündet wird, als „Antiphon" (Kehrvers) zum „Benedictus", dem Lobgesang des Zacharias, vorgesehen: „Dieser Frau sind ihre vielen Sünden vergeben, weil sie mir so viel Liebe gezeigt hat." Das ist genau das Gegenteil! Ihr sind ihre vielen Sünden vergeben, weil sie – vorher – viel Gutes getan hat?! Das kennen wir aus der alten Beichterziehung, und das kennen wir aus dem Prinzip, dass die Menschen gehorsam sein sollten – oft der Kirche mehr als Gott – ... Das ist doch das Gegenteil dieser Botschaft! Bitte überprüfen Sie es mit Ihrem eigenen kritischen Denken!

Das, was wirklich Evangelium ist, und das, was wirklich Hunger nach Leben stillt – Lebenshunger von Menschen, die Klötze an den Füßen mit sich herumschleppen, weil sie ihnen entweder von anderen angehängt wurden oder von den problematischen Strukturen der Gesellschaft, unter denen sie dann dummerweise zu leiden haben, oder auch aus eigener Schuld, das interessiert hier nicht – weder im Fall David noch im Fall dieser Sünderin noch im Fall des Simon: Es soll Befreiung geschehen! Lebensrettung! Dann braucht es keine Mauer mehr. Dann braucht es nicht mehr Milliarden von Investitionen in Schutzmechanismen für den Reichtum der Reichen, sondern dann können sie alle miteinander leben. Und dann sind die Energien wieder frei – sowohl in der internationalen Politik wie auch in der persönlichen Familienbeziehung. Es geht um Leben oder Tod – wie in der Geschichte des Vaters mit den zwei Söhnen: „Mein Sohn war tot, aber jetzt lebt er wieder!“ – einfach weil ***er*** sich jetzt vergeben ***lässt***. Wir lassen uns schlecht vergeben. Wir lassen uns schlecht was schenken. Schon den einen Euro möchte ich lieber zurückzahlen, als ihn mir schenken zu lassen. Auch Gott gegenüber. Uns sitzt ein Verständnis von „Gerechtigkeit“, das in Wirklichkeit Rache (sozusagen Ge-Rächtigkeit) bedeutet, so sehr in den Knochen, dass wir uns schwer tun, uns von Gott lieben zu lassen, retten und befreien zu lassen, den Hunger stillen zu lassen, den Durst nach Lebensfreude löschen zu lassen. Da kriegen wir alle gleich ein schlechtes Gewissen – oder Angst.

„Dein Glaube“, so nennt Jesus das Verhalten der Frau. „Dein Glaube“. Glaube heißt nicht, wie der bekannte Pharisäer im Tempel sagt (vgl. Lukas 18,13) – selbstbewusst, selbstherrlich: „Ich habe zehn Prozent Abgabe gezahlt – Kirchensteuer oder so ... Ich kann die Fahrkarte zum Himmel beanspruchen, ich habe sie mir gekauft, ich habe dafür schließlich bezahlt, usw.“ – Nein. Glaube heißt: „Ich habe gesündigt! Um Gottes willen!“ Das wird mir dort klar, wo mir Vergebung angeboten wird, geschenkt wird. Und die Gewissheit der Frau – die fehlt uns noch. Die weiß: Der rettet mich! Der macht mich total frei! Zu dem darf ich gehen! Noch bevor sie mit ihm geredet hat. Und er bestätigt ihr hinterher: Ja, deine Sünden ***sind*** dir – in der Tat – vergeben. Das kann man dir ja ansehen. Denn du glaubst, und dieser Glaube hat dich gerettet.

Sünden vergeben, wie Jesus es tut

Vergleichen Sie das mal miteinander: diese faszinierende Erzählung im Lukas-Evangelium und die verbreitet ungeliebte Vorstellung von der Beichte! Was für ein Unterschied in den Erfahrungen von Vergebung und Versöhnung!

Die Frau, von der Lukas erzählt, wird, weil als „Sünderin“ bekannt, von „Frommen“ gemieden. Darunter leidet sie. Sie erfährt, dass Jesus, von dem sie offensichtlich gehört hat, in der Stadt ist. Da geht sie hin. Und ohne um Erlaubnis zu fragen und ohne etwas von sich zu sagen, unbekümmert um Regeln von Höflichkeit und Anstand tritt sie von hinten an Jesus heran. Mit großer Sehnsucht und unbändigem Vertrauen, ***er*** wird sie nicht melden wollen, ja ***er*** wird sie achten, liebkost sie seine Füße. Dabei weint sie, offensichtlich überwältigt durch die Erfahrung: Jesus - statt sie zurückzuweisen, zur Ordnung zu rufen oder ein Sündenbekenntnis zu erwarten - lässt sich das gefallen. Trotz der zu erwartenden verächtlichen Reaktion des Gastgebers Simon. – Um den bemüht sich Jesus, dass er, was da geschieht, verstehen kann.

Danach bestätigt Jesus der Frau, dass ihre (anscheinend stadtbekannt vielen) Sünden vergeben sind. Er fügt an – deutend, geradezu offiziell-rituell, jedenfalls ganz und gar zuverlässig klingend – wie er es ansonsten nach wunderbaren Heilungen tut: „Dein Glaube hat dir geholfen. Geh in Frieden!" Von ***Reue***, ***Bekenntnis***, aufgegebener ***Buße*** oder ***Vorsatz*** ist hier nicht die Rede, nicht einmal von einer ***Lossprechung*** im Sinne einer offiziellen Erklärung oder eines richterartigen Urteils, wodurch die Sünden vergeben würden – im Kontrast zur herkömmlichen Art der Lehre und der Praxis des Bußsakraments. Hier wird bezeugt: Die Frau erlebt in dieser Begegnung mit Jesus die ***Vergebung*** ihrer offensichtlich vielen Sünden: Das Wissen um ihre vielen Sünden (was immer das gewesen ist) steht im Raum und wird weder beschönigt oder verharmlost noch verleugnet. Und ***trotzdem*** erfährt sie sich von ihm in ungewöhnlichem Ausmaß geachtet, ja wertgeschätzt! Es ist dieselbe Erfahrung wie die, von der Jesus im Gleichnis vom barmherzigen Vater in der Person des jüngeren Sohnes spricht: dem der Vater, als er ihn von weitem kommen sieht, entgegen rennt und zärtlich um den Hals fällt, bevor der auf die Knie fallen kann, und dessen Schuldbekenntnis er unterbricht, indem er ein Fest ausruft (vgl. Lukas 15,20-24). Es ist die Erfahrung, die ähnlich auch der Oberzöllner Zachäus macht, dieser gemiedene „Volksverräter und Betrüger", den die Begegnung mit Jesus so sehr aus dem Häuschen bringt, dass er jetzt – nach der Erfahrung, dass Jesus seine Nähe sucht und aufsucht – den Vorsatz fasst, begangenen Schaden mehr als auszugleichen und sein Leben total umzukrempeln (Lukas 19,1-10).

Vielleicht ist ja eine Ursache für den genannten Kontrast ein entgegengesetztes Verständnis von Versöhnung: Viele Formulierungen aus der herkömmlichen Beichtpraxis lassen die Perspektive erkennen, der Mensch, der mit seinen Sünden Gott beleidigt habe, müsse nun Gott wieder versöhnen. Die Erzählungen aus den Evangelien bezeugen aber die entgegengesetzte Perspektive Gottes (wie sie schon von Propheten des Alten Testaments verkündet wird): Er sehnt sich heiß danach, an den in die Sünde (= Absonderung, Entfernung, Loslösung von Gott) verirrten Menschen wieder rankommen zu können, rangelassen zu werden mit seiner rettenden Liebe. Wenn Menschen in eine Lage gekommen sind, in der sie für Gott und sein Tun und sein

Wort keinen Sinn mehr haben, ja ihm nur noch Vorwürfe machen können, lässt er durch Paulus geradezu beschwörend werbend ausrichten: „*Lasst euch mit Gott versöhnen!*" (2 Korinther 5,20). Wie viele Menschen könnten von neuem zu einem elementar positiven Verhältnis zu sich selbst kommen – durch die befreiende Erfahrung uneingeschränkter Wertschätzung – trotz des Wissens um gegebenenfalls schwere Schuld! Wie viel Leiden könnte geheilt werden!

6 Festgenagelt? Heute noch im Paradies!

„Ich bekomm' keine Arbeit, weil ich keine Wohnung hab', und ich bekomm' keine Wohnung, weil ich keine Arbeit hab'." – „Is' halt 'n Penner." – Festgenagelt. – – –

„Ich leb' vom Sozialamt. Mit 5 Kindern! Die Frau arbeiten? Geht nicht. Und ich? Alkoholiker. Mich nimmt doch keiner. Ein Ausweg? Is' nicht." – „Is' halt 'n Asozialer." – Festgenagelt. – – –

„Meine Eltern haben mich erwischt: Ich hatte gesagt, ich gehe mit meiner Freundin zur Eisbahn und bleibe dann über Nacht bei ihr. In Wirklichkeit war ich mit meinem Freund zusammen. Und jetzt heißt es: Wer einmal lügt, dem glaubt man nicht und wenn er auch die Wahrheit spricht." – „Is' halt 'ne Lügnerin." – Festgenagelt. – – –

Auch die Soldaten verspotteten Jesus; sie traten vor ihn hin, reichten ihm Essig und sagten: Wenn du der König der Juden bist, dann hilf dir selbst! Über ihm war eine Tafel angebracht; auf ihr stand: Das ist der König der Juden. Einer der Verbrecher, die neben ihm hingen, verhöhnte ihn: Bist du denn nicht der Messias? Dann hilf dir selbst und auch uns! Der andere aber wies ihn zurecht und sagte: Nicht einmal du fürchtest Gott? Dich hat doch das gleiche Urteil getroffen. Uns geschieht recht, wir erhalten den Lohn für unsere Taten; dieser aber hat nichts Unrechtes getan. Dann sagte er: Jesus, denk an mich, wenn du in deiner Macht als König kommst. Jesus antwortete ihm: Amen, ich sage dir: Heute noch wirst du mit mir im Paradies sein. (Lukas 23,36-43)

Festgenagelt. Aber: „Heute noch wirst du mit mir im Paradies sein!"? Du Penner? Du Asozialer? Du Lügner? Du Verurteilter? –

Und auch du? Du wirst doch auch auf irgendeine Weise festgenagelt auf ***deine*** Vergangenheit! „Heute noch wirst du mit mir im Paradies sein!" – los von den Nägeln!

Das ist der Stil, in dem Jesus Christus „König" ist. Das ist es, was er angefangen hat und was er zur Vollendung bringen will, indem alle es erleben. Alle, die es wollen; alle, die es ihm zutrauen; alle, die sich an ihn wenden: „Denk an mich, wenn du doch mit deiner Macht als König kommst!" Jetzt schon.

So lohnt es sich, sich zu fragen: Was gibt es in meiner Vergangenheit – in meiner! – , worauf ich immer wieder festgenagelt werde? Was gibt es, wo mir meine Vergangenheit wie ein Klotz am Bein hängt, wovon ich nicht loskomme, worauf ich wirklich festgenagelt bin? durch irgendetwas, wo ich „selbst dran schuld" bin?

Wenn deutlich geworden ist, dass ich Mist gemacht hab – und wer macht keinen Mist!? – , wenn die Andern das mal mitbekommen haben, – werden sie mir dann noch was zutrauen? Wenn sie erfahren haben, was ich da angestellt hab, werden sie sich daran erinnern – bei der nächsten und der übernächsten und der überübernächsten Begegnung mit mir. Häufig ist das so. – Festgenagelt auf das, was ich einmal gemacht hab.

Vieles kann einem anhängen. Manches ***wird*** einem angehängt; und das sind dann zusätzliche Klötze.

Wie verläuft so manche Ehe! Wo man auch unter Ehepartnern einander festnagelt: Da ist der eine fremd gegangen und will – ehrlich – sich von ganzem Herzen seinem Ehepartner wieder ausschließlich zuwenden. Aber wird der Ehepartner das Vertrauen haben oder immer wieder den andern darauf festnageln, dass er einmal untreu war?

Dieses Festgenagelt-Sein und Festgenagelt-Werden sieht bei jeder Person anders aus. Es ist die ganz persönliche Geschichte eines jeden von uns, und jeder hat eine andere.

Dieser Verbrecher – wir wissen nicht, was er verbrochen hatte – , der an dem Kreuz neben Jesus, er hat ein gewisses Vertrauen zu Jesus: „Denk an mich, wenn du in deiner Macht als König kommst!" Wir wissen nicht, was er sich da vorstellt, dieser ans Kreuz Festgenagelte, weil er auf seine Vergangenheit festgenagelt wird. Wir wissen nicht, was er meint, was Jesus dann tun könnte, wenn er an ihn denkt, wenn er in seiner Macht als König kommt. Wir wissen es nicht. Aber es ist auch unwichtig, was er sich vorstellt. Das Wesentliche ist: irgendetwas, was mit seiner Person zu tun hat; irgendetwas Befreiendes – etwas, das seinen Weg verwandelt in Richtung auf Loskommen, Freiwerden; das traut er diesem Jesus zu.

Das macht es Jesus möglich zu sagen: „Heute noch wirst du mit mir im Paradies sein!"

Paradies! In einem paradiesischen Leben – in der Fülle! Das bewirkt Jesus. Das ist sein Stil, als König zu herrschen. Neue Zukunft wird eröffnet; neues Leben, das verbaut war, wird geschenkt! Christus – „König"? Glauben wir an ihn? Suchen wir ihn?

7 Am Leben echt beteiligt sein

Jesus kam nach Jericho und ging durch die Stadt. Dort wohnte ein Mann namens Zachäus; er war der oberste Zollpächter und war sehr reich. Er wollte gern sehen, wer dieser Jesus sei, doch die Menschenmenge versperrte ihm die Sicht; denn er war klein. Darum lief er voraus und stieg auf einen Maulbeerfeigenbaum, um Jesus zu sehen, der dort vorbeikommen musste. Als Jesus an die Stelle kam, schaute er hinauf und sagte zu ihm: Zachäus, komm schnell herunter! Denn ich muss heute in deinem Haus zu Gast sein. Da stieg er schnell herunter und nahm Jesus freudig bei sich auf. Als die Leute das sahen, empörten sie sich und sagten: Er ist bei einem Sünder eingekehrt. Zachäus aber wandte sich an den Herrn und sagte: Herr, die Hälfte meines Vermögens will ich den Armen geben, und wenn ich von jemand zu viel gefordert habe, gebe ich ihm das Vierfache zurück. Da sagte Jesus zu ihm: Heute ist diesem Haus das Heil geschenkt worden, weil auch dieser Mann ein Sohn Abrahams ist. Denn der Menschensohn ist gekommen, um zu suchen und zu retten, was verloren ist. (Lukas 19,1-10)

Stellen Sie sich das bitte vor: Mainz. Rosenmontag. Riesenumzug. Mordsmenschenmenge. Und da kommt einer, der ein wenig kleiner gewachsen ist, und will auch noch einen guten Platz haben. Denn er will ja ***sehen***. Und dann fängt der Kampf um die besseren Plätze an. Spätestens dann. Wie immer, wenn Menschen dabei sein wollen und wenn da Konkurrenz entsteht, weil jeder dabei sein will und jeder einen guten Platz, möglichst den besten, haben will.

Und dann gibt es diesen Zachäus, der beim Kampf um den besten Platz verliert. – Er hat verloren. Was tut er? Er sucht sich einen Ersatz. Weil er ja immerhin noch nicht alle Hoffnung verloren hat, sucht er sich wenigstens einen Ersatz! Aber das kann einen auch ganz schön kränken, wenn man in der Konkurrenz verloren hat. Was tut der Zachäus der damaligen Zeit und der Zachäus des 21. Jahrhunderts? Wir sagen ja so schön: „Ich versuche, aus allem das Beste zu machen.“ Also wenn schon nicht, wie eigentlich gewünscht, echt dabei sein, dann wenigstens so, dass ich von meinem Ersatzplatz aus einen guten Überblick habe. Als Zuschauer, wenn auch ausgegrenzt vom Geschehen. Aber: „Ich hab hier schließlich den besseren Platz; ich kann das ja jetzt viel besser sehen. Beine hoch, Bierchen in Griffnähe, und alles spielt sich vor meinen Augen ab. Zwar bin ich gekränkt, weil ich nicht dabei sein darf. Aber was soll's? Ich mach das Beste draus: Ich klebe dem Ersatz das Etikett auf: „Ich hab sogar die bessere Lösung gefunden.“ Und so heile ich meine Kränkung: Ich mache den Ersatz zum Ideal. Ich lebe damit, ausgegrenzt zu sein, indem ich mir die Ausgrenzung zu eigen mache und mich selber ausgrenze, indem ich nämlich sage: „Der Platz vorm Fernseher ist viel besser als der im Stadion oder bei der Demo; oder bei dem und dem, was mir ja schließlich gefährlich werden kann.“ Der Zachäus – fantasieren wir uns mal in ihn hinein – der sitzt da oben auf seinem Maulbeerfeigenbaum und sagt sich: „Hier kann mich keiner anrempeln!“ Natürlich. Dass er da ganz allein für sich zu einem höchst passiven Zuschauer – eigentlich recht traurig – geworden ist, das hält er sich vom Leibe, vom Herzen, und sagt: „Ich hab hier den besten Platz. Ich sitze hier – (wie) „bei ARD und ZDF“ – in der ersten Reihe.“

Aber jetzt müssen wir vom Zachäus mal auf die andere Seite schauen: Was tut Jesus? Was tut Jesus, wo er in Reichweite kommt gegenüber dem Zachäus von damals und dem Zachäus in seiner sehnsuchtsvollen und ängstlich-fürchtenden Situation heute? Was tut er da?

Jesus dreht das Ganze einfach herum: Er bleibt nicht in der Rolle dessen, der kommt und gesehen wird von Zuschauern und vom Zuschauer Zachäus - sozusagen auf der Bühne - ; sondern

er wird zu dem, er macht sich zu dem, der ***sieht*** und macht dadurch zugleich den Zachäus zu dem, den ***er*** ansieht. Erstaunlicherweise. Zachäus muss sich wundern: Er wird plötzlich – völlig unverhofft – angesehen. Ja, er findet Ansehen bei diesem Jesus!

Stellen Sie sich vor: Zachäus könnte jetzt ganz anders reagieren, als die Erzählung es uns sagt. Er könnte sagen: „Hör mal! Was ist los? Lass mich gefälligst in Ruhe! Ich will dich doch nur sehen. Ich muss doch nicht gleich mit dir leben!" Oder er könnte sagen: „Was denn – so unverschämt! Du lädst dich ein bei mir? Ich hab doch gar nichts eingekauft; und was du da für einen Aufwand von mir erwartest! Na sowas!" Er könnte seufzen und dann lieber sagen: „Jesus, lass mich in Frieden. Such dir einen andern aus; es sind so viele da!"

Aber Zachäus kommt sofort herunter. Ich kann mir gar nicht vorstellen, dass er bedächtig, damit ihm nichts passiert, herunterklettert; ich kann mir eigentlich nur vorstellen, dass er einen großen Sprung macht. Herunter! „Freudig" nimmt er ihn auf. Ich denke mir, der rennt nach Hause und sagt dem Jesus: „Ich geh schon mal vor." Damit alles bereit ist. Und dann feiern sie miteinander; feiern das, was das live-Leben ist, nicht den Ersatz. Der Zachäus braucht den Ersatz nicht mehr.

Und jetzt denken wir noch einen kurzen Augenblick an die Anderen; die im Kampf um den besten Platz gewonnen hatten; die am Straßenrand stehen. Wo bleiben die plötzlich ab? – Die sind plötzlich die Zuschauer. In der Distanz. Und sie bringen diesen Abstand, der ihnen bis ins Herz geht, als Empörung zum Ausdruck: Was ist denn jetzt los! Dieser Jesus, der ruft hier einfach einen – einen aus den Vielen – mit Namen! Und dann macht er Unterschiede! Der will gar nicht mit allen beisammen sein! Zu einem geht er, und zu den vielen Anderen geht er nicht! Ja wenn er zu dem einen geht, dann müsste er sich doch bei mir auch einladen! Ungerecht! Und dann noch dazu: Was der für Unterschiede macht! Zu so einem geht er! Und lässt die, die es verdient hätten, links liegen!

Jeder von uns kommt irgendwo vor in dieser Geschichte. Wo ich? In welcher Phase der Entwicklungsgeschichte des Zachäus stehe ***ich*** denn? – Eine sicher fruchtbare Frage, die dann segensreich ausgeht, wenn wir uns wie Zachäus mit Jesus verbinden lassen zum neuen Bund Gottes mit seinem Volk, also wenn wir die Begegnung mit ihm nicht unverbindlich – wie am Fernsehschirm – passieren lassen, sondern verbindlich, live, von Angesicht zu Angesicht, so dass die Bitte wahr wird: Lass dein Angesicht über mir leuchten! (vgl. z.B. Ps 31,17; Ps 119,135)

Uwe

Uwe kann nicht sprechen. Er ist behindert. Schon oft ist er in unseren Gottesdiensten gewesen. Meistens kommt er, wenn die Feier schon seit einer Weile im Gange ist. Da er sich auffällig bewegt, wird er gesehen. Und er wird gehört – meistens beim „Halleluja" vor dem Evangelium und beim „Dreimalheilig" – vor allem, wenn die Gemeinde hörbar froh und kräftig singt. Die anderen beenden dabei den Gesang zugleich mit der Orgel. Aber Uwe „singt" kräftig weiter, bis auch er die Kurve zum Aufhören kriegt. Er gehört dazu. Man weiß, dass er mit dem Aufhören etwas mehr Zeit braucht. Da wartet man eben ein wenig mit dem Weitermachen.

Eines Tages erhielt Uwe eine CD geschenkt – mit seiner Stimme im Gottesdienst: ein „Halleluja" und ein „Heilig" samt seinem „Nachschlag". Er strahlte.

So wird die Welt zum Lebensraum

„Leben, um zu sterben"?

Zahllose Menschen, ganze Völker sind einfach „ganz unten". Menschen in unserem Land ohne ein würdiges Dach über dem Kopf, Völker in Armut und Angst, das Weltklima geht baden, Ressourcen werden für Machtspiele missbraucht, ... Angst aller Art behindert ein lebendiges Leben. Die Beispiele lassen sich beliebig erweitern. Sie alle brauchen das Erleben von befreiender Solidarität!

Wo Menschen miteinander auf den Gott der Bibel schauen, wird er ihnen mit seinem Wort und seinem Tun zur Quelle ihrer Lebensfreude, ergibt sich ein Perspektiven-Wechsel: In Jesus hat Gott den Kampf neu aufgenommen – mit den Waffen radikaler Liebe und totaler Hingabe. Der Untergang, der Tod verliert seine Macht. Da wächst gemeinschaftliche Rettung und belebender Friede. Die sich als seine Kirche verstehen, entdecken beim solidarischen Handeln: Es lohnt sich, sich mit Ausdauer den Herausforderungen der Zeit zu stellen und das mitzugestalten, was Gott herbeiführt! Nur so entsteht Rettung und Auferstehung.

„Glaubst Du das"? Für alle, die Gott die Rettung des eigenen Lebens wie auch der ganzen Welt zutrauen, gilt die Einladung, am Leben teilzunehmen. Auch und gerade, wenn alles nach Ende aussieht.

8 Rettende Solidarität mit denen ganz unten

Es war am 13. September des Jahres 335. In Jerusalem. Man hatte ein Kreuz gefunden, von dem es hieß, es sei das Kreuz, an dem Jesus gestorben ist. Am nächsten Tag wurde dieses Kreuz der Menge von Menschen, die sich angesichts dieses Gerüchtes massenhaft zusammengefunden hatten, gezeigt. Es wurde in die Höhe gehalten, damit alle es sehen konnten, damit alle drauf schauen konnten.

Auch in vielen Kirchen haben die Menschen, die sich dort versammeln, immer wieder ein großes Kreuz vor Augen – als Zeichen für Jesus.

Die Menschen in der Tiefe, die ganz unten, haben zu allen Zeiten seit damals ihre Hoffnung auf den gesetzt, der in die tiefste menschliche Tiefe sich hat erniedrigen lassen und zeichenhaft sich hat „hoch ziehen" lassen ans Kreuz – als ein erster Schritt sozusagen aus der Tiefe hinauf in die Höhe: Das Johannesevangelium schreibt von der Erniedrigung Jesu am Kreuz als von seiner „Erhöhung".

Und diese beiden Gedanken verbinden sich: Dass Jesus selbst am Kreuz „erhöht" wurde. Und: Dass das Kreuz hoch vor unseren Augen „erhöht" wird und wir dorthin schauen. Solidarität will daraus werden: Mit uns wie mit allen Menschen will er es machen: uns aus allen Tiefen auf die Höhe bringen.

Vorstellungs-Hintergrund für die Bildrede im Johannes-Evangelium ist eine archaische Erzählung aus dem Alten Testament. Das Volk zieht durch die Wüste. Hunger leiden sie, Durst, vielfältige Entbehrungen. Sie haben kein Zuhause, müssen nur immer weiter. Es geht ihnen ziemlich dreckig. Und es kommt immer schlimmer:

Die Israeliten brachen auf ... Unterwegs ... Giftschlangen ... bissen die Menschen und viele Israeliten starben. Die Leute kamen zu Mose und sagten: ... Bete zum Herrn, dass er uns von den Schlangen befreit. Da betete Mose für das Volk. Der Herr antwortete Mose: Mach dir eine Schlange und häng sie an einer Fahnenstange auf! Jeder, der gebissen wird, wird am Leben bleiben, wenn er sie ansieht. Mose machte also eine Schlange aus Kupfer und hängte sie an einer Fahnenstange auf. Wenn nun jemand von einer Schlange gebissen wurde und zu der Kupferschlange aufblickte, wurde er gerettet und blieb am Leben. (vgl. Numeri 21,4-9)

Viele Künstler hat es im Lauf der Jahrhunderte gegeben, die diese Geschichte gemalt haben. Und sie haben es dann immer so gemalt, dass die Schlange mit der Stange so etwas wie ein Kreuz ergab.

Jesus macht es selbst auch so. In seinem Nachtgespräch mit Nikodemus sagt er: *„Wie Mose die Schlange in der Wüste erhöht hat, so muss der Menschensohn erhöht werden, damit jeder, der an ihn glaubt, in ihm das ewige Leben hat. Denn Gott hat die Welt so sehr geliebt, dass er seinen einzigen Sohn hingab, damit jeder, der an ihn glaubt, nicht zugrunde geht, sondern das ewige Leben hat. Denn Gott hat seinen Sohn nicht in die Welt gesandt, damit er die Welt richtet, sondern damit die Welt durch ihn gerettet wird."* (vgl. Johannes 3,14-17) Jesus spricht von seinem Tod am Kreuz.

Aus der Tiefe in die Höhe. Das ist die Bewegung, um die es geht: von ganz unten nach ganz oben. Es geht um eine Verwandlung – um die Verwandlung der Tiefe, der Niedrigkeit, der Niedergeschlagenheit in Leben. Es geht um die Verwandlung des Galgens in ein Zeichen des Sieges. Es geht um die Verwandlung des Kreuzweges in den Weg zur Lebensfülle – eben um die Verwandlung von Erniedrigung in Erhöhung. Denn was gibt es Erniedrigenderes als dass der göttliche Wohltäter wie ein gemeiner Verbrecher schamlos, unwürdig umgebracht wird!

Für unsereins Ereignis von Rettung und Heil! Nicht nur für Jesus, sondern für uns! Genauer gesagt: Wer schon obenauf ist, für den ist eine Verwandlung in „auf der Höhe sein" gegenstandslos. Es geht also um die, die unten sind. Oder: Es geht um uns alle überall da, wo wir uns unten sehen. Oder: Es geht um uns alle, insofern wir uns bewusst sind, unten zu sein, niedrig zu sein, schwach zu sein, sündig zu sein, dem Tod geweiht zu sein.

Schon seltsam: Diese Bibeltexte und die in ihnen enthaltene Botschaft hatte ich auch gerade an dem Wochenende der Gemeinde in der Predigt zu vermitteln, an dem wir zum ersten Mal Obdachlose, „Wohnsitzlose" zu einem Sommerfest eingeladen hatten: am 13. September 1986. Ich sollte und wollte also im Gottesdienst „ausrichten", was Gott durch diese Bibelworte der Gemeinde gerade an diesem Sonntag sagen wollte.

Menschen, denen es ziemlich dreckig geht. Wüste. Hunger. Durst. Vielfältige Entbehrungen. Sie haben kein Zuhause, müssen nur immer weiter. Eben „ohne festen Wohnsitz". Und dann kommen „Giftschlangen". Lebensgefahr! – Es ist schon mancher erfroren – in Frankfurt und anderswo. Lebensgefahr.

Und da sind Leute, die schauen von oben herab nach unten und richten. Urteilen: „Selber schuld ... Sollen halt selbst was machen." Oder Ähnliches. Richten: „Wenn es ihnen dreckig geht, haben sie es sich selbst zuzuschreiben." Vielleicht sagt mancher – wie schon damals, als das Volk Israel durch die Wüste ging – über die Plagen, unter denen die Menschen leiden müssen: „Das ist Gottes Strafe!"

Aber noch eine Parallele zwischen damals und den heutigen Menschen ohne feste Wohnung: Gott korrigiert diese Einstellung. Und er handelt! Und zwar – wie er handelt, die Erzählung davon endet mit dem Wort: „Und jeder ... usw. ... blieb am Leben." Wider Erwarten! Weil Gott, wie Jesus es sagt, den Menschensohn nicht in die Welt schickt, um zu richten, sondern um zu retten. Er rettet! Er zeigt Möglichkeiten auf, er gibt ein Zeichen. Auch wenn dieses Zeichen dieser gemachten Schlange an der Fahnenstange für uns sehr magisch aussehen mag, – ein Zeichen! Wer nach dem Zeichen Gottes Ausschau hält, bleibt am Leben. Wer nach dem Retter Ausschau hält, wird gerettet. Es geht nicht um einen Richter!

Man kann Menschen ohne Dach über dem Kopf, also die so genannten „Penner", und uns sozusagen „Normal"-Bürger entweder so betrachten, dass man die Unterschiede hervorhebt; dann wird man natürlich die Distanz betonen. Oder man kann das Gemeinsame hervorheben; und dann werden wir die Nähe betonen, das Gemeinsame.

Und gemeinsam ist uns sicher allen, die wir auf einem Lebensweg sind, dass wir während unserer Lebenszeit nicht so einfach nur „zuhause" sind, im Wohnsitz „sitzen". Sondern dass alle Erfahrung von Heimat, von Zuhausesein immer gebrochen ist. Eine gemeinsame Erfahrung aller, sowohl der Menschen mit Wohnsitz als auch derer ohne. Zum Beispiel: Alle machen wir immer wieder die Erfahrung, dass wir gerichtet werden, beurteilt, verurteilt. Dass man uns Wertschätzung vorenthält und uns erniedrigen möchte – in dieser oder jener Verächtlichkeit – im Blick oder in einer Bemerkung – oder dass man sich einfach nicht für uns interessiert, auch wenn es uns schlecht geht.

Wir können es besser verbergen, wenn wir darunter leiden. Der Unterschied zu den Wohnsitzlosen ist, dass sie so sehr all dem ausgesetzt sind, dass sie es nicht verbergen können.

Wenn wir das Gemeinsame betonen, sind wir genau auf der Linie von Jesus:

Christus Jesus war Gott gleich, hielt aber nicht daran fest, wie Gott zu sein, sondern er entäußerte sich und wurde wie ein Sklave und den Menschen gleich. Sein Leben war das eines Menschen; er erniedrigte sich und war gehorsam bis zum Tod, bis zum Tod am Kreuz. (Philipper 2,6-8)

Wunderbar „heruntergekommen" ist er zu den Menschen – so besingt es dieser Hymnus im Brief an die Philipper. Er ist als einer von uns gekommen, so dass an Jesus das Gemeinsame zwischen ihm und uns viel stärker herausgekommen ist als etwa das Unterscheidende zwischen ihm und uns. Er hat Solidarität praktiziert: Solidarität dessen von ganz oben mit denen ganz unten.

Damals, am Sonntag, dem Tag nach dem Fest, konnte ich in der Predigt sagen:

„Ich hab mich gestern so gefreut zu merken, dass, wenn man in unserer Gemeinde Ausschau hält nach dem, den die Bibel heute so beschreibt, – dass man ihn wirklich finden kann, und dass – ja, das Wort ‚retten' mag ein großes Wort dafür sein, – aber dass etwas von dem geschieht, was in Richtung der Rettung geht. So mancher meinte ja, er sei rettungslos verloren, er würde nie wieder Wertschätzung erfahren. Aber es war gestern ein so schönes Fest! Mit allem, was dazugehört. Ich hab es bestätigt bekommen, dass es sich wirklich lohnt, auf den zu ‚schauen', wie die Erzählung im Alten Testament es sagt – auf den Erhöhten zu schauen – und wie dann Rettung geschieht! Und dass das wirklich möglich ist – dort, wo Menschen als der Leib Christi gelten in ihrer Gemeinschaft, die von Seinem Geist lebt:

Wir hatten – ‚wir', das ist die Arbeitsgruppe, die das Fest vorbereitet hat – wir hatten auf 10 Helfer gehofft. 19 haben sich gemeldet, und etwa 25 waren da – als Helfer.

Wir hatten gehofft, dass wir zu essen – Kuchen, Obst, ... – dass wir nur wenig kaufen müssen, weil wir ja von Leuten, die kein Geld haben, auch kein Geld dafür nehmen können. Es wurde so viel gespendet, dass wir nichts kaufen mussten! Nur die Getränke.

Wir hatten gehofft, dass alles ohne Störungen verlaufen würde. Es gab nicht nur keine Störungen, sondern es war eine schöne Atmosphäre! Manchmal für mich erstaunlich schön. Gelockert. Es kamen wirklich Leute aus dem Stadtteil mit Wohnsitzlosen ins Gespräch. Das war nicht einfach. Es gab sicher so manche Personen – von einer Person habe ich es deutlich mitbekommen – die kamen mit Angst da hin – mit einer verständlichen Angst: sich hier unter 50 ‚Penner' zu begeben! Und dann hat sich die Angst gelöst, und es war ein lockeres, angenehmes Miteinander. Und wie viel Freude dabei die Wohnsitzlosen erlebt haben, kam in einigen Dingen zum Ausdruck:

Unser neues key-board hatten wir aufgestellt. Damit jemand sich dran setzen kann, um Musik zu machen. Einer unserer Gäste saß mit verklärten Augen fast die ganze Zeit dran und hat es genossen, nach langer Zeit mal wieder an einem Musikinstrument zu sitzen. Ich hatte gedacht, das würde manchem auf die Nerven gehen, aber ich hab dann rumgeschaut: Vielleicht war ich der Einzige, dem es auf die Nerven ging, wie er gespielt hat.

Und ein zweites: Einer sagte: ‚Das ist ja wie Weihnachten!' ..."

Den Gekreuzigten hoch vor Augen halten, nach ihm Ausschau halten. Wo? Dort, wo er zu finden ist: in der Gemeinschaft von Christen. Da machen wir die Erfahrung: Hier geschieht nicht Richten, sondern Retten!

Wie aus einem Butterbrot ein Wohnwagen werden kann

Das „Sommerfest mit Wohnsitzlosen" hatte eine Vorgeschichte: Die Erfahrungen mit bettelnden Menschen an der Pfarrhaustür und unser Umgang mit ihnen waren nicht befriedigend. Also ließen wir uns professionell beraten. Das Ergebnis: Ein einladendes Schild am Zugang zum Pfarrhaus: „Hier belegte Brote für Durchreisende".

Frankfurter Neue Presse vom 13.3.2004:

Herz Jesu in Fechenheim: Wer Hunger hat - hier wird er satt

„Vor allem Wohnsitzlose kehren dort ein, vereinzelt auch Arme aus Fechenheim ...", berichtet Beate Beckmann. Allen gemeinsam sei, dass sie bescheiden auftreten und dankbar für die Mahlzeit seien. ... Wenn die Not bei einem Gast besonders groß sei, gebe es zum belegten Brot auch einmal einen Einkaufsgutschein ... Die belegten Brote von Herz Jesu sind nicht nur in den einschlägigen Kreisen der heiße Tipp, ... Sten Nadolny beschreibt in seinem Roman „Selim oder Die Gabe der Rede“ ... die Kirchen-Speisung: „Er wusste alles über Frankfurt und gab Tipps, wo man dort billig essen und schlafen konnte. ... beschrieb er das Pfarrhaus einer ‚Herz-Jesu-Kirche’ in Fechenheim, wo man als mittelloser Durchreisender respektable Schmalzbrote bekomme, ...“

Und das Fest hatte eine Nachgeschichte: Im September 2010 fand das „25. Sommerfest mit Wohnsitzlosen“ statt – jedes Jahr mit etwa 200 Teilnehmenden und 20 bis 40 Helfern. Immer wieder berichteten Zeitungen. Zum Beispiel:

Frankfurter Rundschau vom 19.9.2002:

„Die meisten kennen wir nur vom Sehen“

Seit 17 Jahren feiert die katholische Herz-Jesu-Gemeinde mit Wohnsitzlosen ihr Sommerfest von Annette Scholz

Immer mehr Menschen, die Platte machen, kommen zum Fest in die katholische Gemeinde Herz-Jesu. Die Mitglieder bitten daher schon Monate vorher öffentlich um Kleiderspenden und rufen Freiwillige aus Fechenheim auf, ihnen beim Fest helfen. Trotz des Andrangs ging es ruhig zu.

...Die vielen Stapel gespendeter Wäsche, Schuhe, Mäntel, und Decken nahmen am vergangenen Sonntag im Nu ab ... Während im Raum mit Männersachen reger Betrieb herrschte, ging es bei den Frauen eher beschaulich zu ... „Leider zu klein“, bedauerte eine Besucherin, die eine Jeans mit Blümchenmuster anprobierte. „Der passt, den hätte ich gerne“, sagte eine andere, die sich einen Wintermantel ausgesucht hatte …

Mit Tüten bepackt, gingen die Gäste zum gemütlichen Teil über. Bei „Obst auf den Tischen, Apfelwein, Musik in den Ohren und Rauchwaren“ ließen sie es sich gut gehen. „Der T. ist übrigens gestorben“, sagte eine Frau zu einem allein sitzenden Bekannten am Nebentisch.

Ein anderer sagt, zum Sozialamt gehe er nicht. „Da wird man behandelt wie Husten“. Was er zum Leben brauche, verdiene er sich selbst beim „Sitzung machen“, wie er sagt. Er habe einen festen Bettelplatz.

Im Garten bildeten sich Grüppchen. Die Jüngeren hatten sich ins Gras gesetzt, der Rest verteilte sich an den Tischen. Orchestermusik klang aus den Lautsprechern, jetzt gab es auch Kaffee und Schwarzwälder Kirschtorte …

Und weitere Folgen ergaben sich:

Frankfurter Neue Presse vom 9.3.1996:

Kirchenleute helfen Wohnsitzlosen bei der Rückkehr ins bürgerliche Leben

Wer lange Zeit … auf der Straße lebte und sich irgendwie ... durchgeschlagen hat, der kann sich nur schwer wieder an einen geregelten Tagesablauf gewöhnen. ... all' diese alltäglichen Aufgaben muss ein Obdachloser erst allmählich wieder zu bewältigen lernen, … wenn er, endlich, wieder ein Dach über dem Kopf hat. Oft aber ist es gerade seine Unangepasstheit, die ihn auf dem Wohnungsmarkt nahezu chancenlos dastehen läßt. „Ein Obdachloser hat bei Vermietern schlechte Karten", glaubt Rainer Petrak (55), seit 20 Jahren Pfarrer in der Fechenheimer Herz-Jesu-Gemeinde.

Das „Wohnwagenprojekt", das Petraks und zehn weitere Frankfurter Kirchen-gemeinden seit fünf Jahren in Zusammenarbeit mit der Caritas betreiben, verfolgt daher zwei Ziele: Wohnsitzlosen vorübergehend eine Bleibe zu geben - und sei's eben nur ein bescheidenes „Zimmer auf Rädern" - und sie außerdem langsam wieder daran zu gewöhnen, einen eigenen Haushalt zu führen. … Zwei Angestellte der Caritas betreuen die Wohnsitzlosen ...

Dieses Hilfsangebot der Gemeinden ist kostengünstig und sinnvoll: Denn immerhin konnte bisher für etwa zwei Drittel der betreuten Obdachlosen nach ihrem Aufenthalt im Wohnwagen eine Wohnung gefunden werden. ... Aber ihm und seinen Kollegen aus den anderen Gemeinden ist das nicht genug. Denn: „Es reicht nicht, ein paar Leuten eine Unterkunft zu bieten. Wir wollen nicht nur Almosen verteilen, sondern das Recht eines jeden Bürgers auf eine eigene Wohnung einfordern", so der Fechenheimer Pfarrer. Deshalb appellieren die Kirchenleute an die Stadt, „mehr Sozialwohnungen zu bauen, ...". Pfarrer Petrak fällt dazu ein afrikanisches Sprichwort ein: „Schenk jemandem einen Fisch, und er hat am nächsten Tag schon wieder Hunger. Gib ihm eine Angel, und er kann sich stets allein ernähren."

Barbara Goldberg

9 Gott vernichtet die Waffen! Unsere?

Juble laut, Tochter Zion! Jauchze, Tochter Jerusalem! Sieh, dein König kommt zu dir. Er ist gerecht und hilft; er ist demütig und reitet auf einem Esel, auf einem Fohlen, dem Jungen einer Eselin. Ich vernichte die Streitwagen aus Efraim und die Rosse aus Jerusalem, vernichtet wird der Kriegsbogen. Er verkündet für die Völker den Frieden; seine Herrschaft reicht von Meer zu Meer und vom Eufrat bis an die Enden der Erde. (Sacharja 9,9-10)

„Unweigerlich wird man hier an das vielzitierte Schriftwort vom Umschmieden der Schwerter zu Pflugscharen erinnert. Geht es doch auch hier um die Aufforderung, Streitwagen und Kriegsbogen zu vernichten. Ein interessantes Thema wäre es, vor dem Hintergrund der heutigen Lesung im Rahmen der Abrüstungsdebatte die Problematik der Null-Null-Lösung zu bedenken."

So begann der Artikel in der Limburger Kirchenzeitung „Der Sonntag" vom 5.7.1987, der über die Bibeltexte des Sonntags nachdachte. Dicht an der – nicht nur damals aktuellen – Debatte um die Rüstungspolitik.

In der Tat: Es ist die Rede vom Zerstören der Waffen. Nicht von ihrer „Konversion", vom Umwandeln, sondern von ihrer Vernichtung. Der Prophet richtet es von Gott aus: Er wird es schaffen. Er wird sich darin zeigen, dass die Waffen vernichtet werden: Die Angriffswaffen – Schwerter, Lanzen – und die Verteidigungswaffen – Schilde – wird er im Feuer verbrennen. Bisher hat er es nicht getan. Wird er es nie tun? Wird er seine Zusage vergessen? Oder leben wir in der Zeit, in der er das wahr machen wird?

Lassen wir es überhaupt zu, eine solche biblische Zusage Gottes mit dem in Verbindung zu bringen, was heute geschieht oder vielleicht geschieht, diskutiert wird oder verdrängt wird?

Ja, wie soll Gott das denn machen?! Es sind doch schließlich die Menschen, die entscheiden – entweder auf Grund ihrer Argumente oder auf Grund ihrer Furcht oder auf Grund ihres Vertrauens oder auf Grund dessen, wie viel sie von ihrem eigenen Willen den anderen überstülpen wollen, oder wie viel sie bereit sind, eine menschliche Gemeinschaft, die alle umfasst, zu begründen. Ja, es sind doch Gründe, Motive, die ***Menschen*** bewegen, die dann schließlich entscheiden werden, ob Atomwaffen und Raketen noch mehr vervielfacht werden oder vermindert werden oder ganz abgebaut, vernichtet werden! Wie soll da ***Gott*** handeln?!

Von seinem Geist her und in Maßstäben, die sich daraus ergeben – in Menschen, die von ihm angetrieben werden, zählt nur die Frage: Hat er es zugesagt oder nicht? – Denn wenn er es zugesagt hat, dann wird er es tun. Wann, weiß keiner. Aber er wird es immer da tun, wo Menschen es sich zusagen lassen. Heute? Das ist natürlich die große Frage. Zentrale Frage fürs Überleben der Menschheit. Frage, die uns beschäftigt? Frage, in der wir uns trauen, sie mit Gott in Verbindung zu bringen, weil er der „Allmächtige" ist, der „vom Eufrat bis an die Enden der Erde" herrscht?

„Ich vernichte" die Waffen selbst: Schwerter, Lanzen, Bogen. Und „ich vernichte" die Trägersysteme: Rosse, Streitwagen. Damals hatte man halt noch keine Raketen, die Sprengkörper schnell in große Entfernungen bringen konnten. Man hatte damals Streitwagen, mit denen die Soldaten ihre Lanzen schneller in die Feinde hineinbohren konnten. Streitwagen und Rösser.

Der Prophet richtet aus: „So spricht der Herr!" Nicht ich, nein, der Herr spricht so: „Juble, jauchze!", Zion, Jerusalem, Gemeinde der Glaubenden. Denn der „König", also in der damaligen Welt der Herrschende, der Bestimmende, der „kommt zu dir". Jetzt. Grund zum Jubeln!

Aber: auf einem Esel! Können Sie sich das vorstellen: Ein König oder ein Staatspräsident bei einer Parade oder einem anderen öffentlichen Anlass – auf einem Esel? Wie lächerlich! Aber Gott lässt durch den Propheten ausrichten: „Siehe, dein König kommt jetzt zu dir auf einem Esel." Mit einem Esel kann man keinen Krieg führen. Ein Esel ist – vielleicht? – einfach zu langsam und zu unzuverlässig, wenn es darum geht, mit Schwertern, Lanzen und anderen Waffen so schnell wie möglich den Gegner zu treffen. – Ein Esel! Nein, ein König im Geist dieser Welt muss hoch zu Ross daherkommen. Aber: „Ich vernichte die Rosse!" – Wir wissen, dass Jesus, als er als König begrüßt wurde beim Einzug in Jerusalem, auf einem Esel geritten ist. ***Er*** ist es!

Die Herrschaft, die er in unsere Welt bringt, ist eine ganz andere, als die Herrschaften unserer Welt herrschen. „Meine Herrschaft ist nicht von der Art dieser Welt. Wenn sie von der Art dieser Welt wäre", sagt Jesus, „dann hätte mein Vater Legionen von Engeln geschickt, um mich zu verteidigen." (vgl. Matthäus 26,53 und Johannes 18,36) Aber zu Gottes Herrschaft gehört nicht die militärische Gewalt. Im Gegenteil: Er vernichtet die militärische Gewalt. Die braucht es nämlich gar nicht mehr.

Und da sind wir wieder bei der Frage: Was ist die Alternative? Und wo bleibt denn die Verwirklichung seiner Zusage?!

In seinen Briefen stellt der Apostel Paulus immer wieder die Vorstellung vom „Geist" der Vorstellung vom „Fleisch" gegenüber: *„Ihr seid nicht vom Fleisch, sondern vom Geist bestimmt, da ja der Geist Gottes in euch wohnt."* (Römer 8,9)

„Fleisch" meint Paulus als Inbegriff dessen, was an Maßstäben und Werten in dieser Welt gilt und dem Menschen auch verhaftet sind von der Geburt bis zum Tod. Das „Fleisch" bestimmt: Du musst dich verteidigen, wenn du gefährdet bist. Du musst eine Rüstung aufbauen, damit du andere abschrecken kannst und die dich nicht angreifen. Vom Fleisch bestimmt sein, heißt: von den

Wertmaßstäben der gängigen Politik beherrscht werden. In einer Weise, die Gott widerstrebt und ihn hindert, seinen Willen zu tun und sein Reich aufzubauen.

Aber nun hat ja Gott uns Menschen angerührt in Christus, dass wir uns an ***ihn*** halten; dass wir uns von seinem Geist, vom „Geist" bestimmen lassen. Und dieser „Geist" ist der, ist die Kraft, die Jesus sogar vom Tod auferweckt hat. Es ist einfach überflüssig geworden, Energien, Ressourcen, Rohstoffe, Reichtümer da hinein zu investieren, sich abzusichern, damit man für einen Angriff gewappnet ist. International. Oder auch in der Familie. Überall, wo Menschen zusammenleben.

Dabei hat die Bibel sehr wohl im Blick, wie revolutionär diese Botschaft ist: *„Kommt und schaut die Taten des Herrn, der Furchtbares vollbringt auf der Erde: Er setzt den Kriegen ein Ende bis an die Grenzen der Erde. Er zerbricht die Bogen, zerschlägt die Lanzen, im Feuer verbrennt er die Schilde."* (Psalm 46,9-10)

Da nennt der Psalmbeter das, was Gott auf der Erde vollbringt, „Furchtbares". In der Tat, wie furchtbar erscheint es vielen immer wieder, wenn plötzlich von der – wirklich oder angeblich – feindlichen Seite unerwartet weitgehende Vorschläge gemacht werden, die Waffen und ihre Trägersysteme abzurüsten! Vielen macht das Angst: Unbewaffnet dastehen? Oder mit nur so wenig Waffen dastehen? Ja, dann können die uns ja gleich vernichten! – Das ist das „Fleisch"; diese Angst – sich von ihr bestimmen lassen. Das ist der Gegen-Geist. Denn Gottes Geist ist Hoffnung, ist Auferstehung!

Je nach aktueller politischer Situation ein mehr oder weniger heißes Thema. Viele sagen, Kirche sei überhaupt nicht kompetent, dazu etwas zu sagen. Warum? Kirchenleute sind ja keine Fachleute. – Und wer so spricht, merkt gar nicht, wie undemokratisch, ja sogar antidemokratisch das ist. Denn in einer demokratischen Gesellschaftsordnung haben ja nicht die Fachleute das Sagen, um die Politik zu bestimmen - das wäre eine

Oligarchie der Experten. Sondern in der Demokratie sollen die Menschen, mindestens ihre Mehrheit, bestimmen können, was geschieht. Es kommt auf den ***Willen*** an. Und Christen bitten Gott: „Dein Wille geschehe!“ Und wer das ernst meint, der wird doch wohl, von innen heraus angetrieben, dafür sorgen und dazu beitragen, dass **Gottes** Wille geschieht.

Anders denkenden Menschen die Kompetenz abzusprechen, sieht manchmal ganz vernünftig aus. Nur wurde halt schon zu oft die wertvolle menschliche Vernunft so eingesetzt, dass sie in den Abgrund führte. Vor allem dann, wenn es pseudo-vernünftig zugeht und man so tut, als sei das, was man sagt, vernünftiges Argument, in Wirklichkeit ist es jedoch nur Ausdruck der Angst.

Und was in der Bibel mit „Reich Gottes“ und mit Gottes „Geist“ gemeint ist, das bleibt denen, deren Worte so sehr „vernünftig“ aussehen, meistens geheimnisvoll verborgen. Die aber, die sich dem öffnen, stehen dann oft als „die Dummen“ da, als die Unmündigen.

Von Jesus überliefert die Bibel dazu den Ausruf: *„Ich preise dich, Vater, Herr des Himmels und der Erde, weil du all das den Weisen und Klugen verborgen, den Unmündigen aber offenbart hast. Ja, Vater, so hat es dir gefallen.“* (vgl. Matthäus 11, 25-26)

Wer der Angst – in der Sprache des Paulus gesprochen – des „Fleisches“ nachgibt und sich von ihr bestimmen lässt, der riskiert dabei, umzukommen, zu sterben, sich totzurüsten. Wer die Angst Angst sein lässt und einen Blick hat für das Kommen von Gottes Reich, von Gottes Herrschaft, der wird leben. Und der wird das finden, wonach wir Menschen uns alle sehnen: Leben, Ruhe, Frieden. So ist jedenfalls Paulus überzeugt:

„Wir sind also nicht dem Fleisch verpflichtet, Brüder, so dass wir nach dem Fleisch leben müssten. Wenn ihr nach dem Fleisch lebt, müsst ihr sterben; wenn ihr aber durch den Geist die sündigen Taten des Leibes tötet, werdet ihr leben.“ (Römer 8,12-13)

Und ebenso Jesus:

„Kommt alle zu mir, die ihr euch plagt und schwere Lasten zu tragen habt. Ich werde euch Ruhe verschaffen. Nehmt mein Joch auf euch und lernt von mir; denn ich bin gütig und von Herzen demütig; so werdet ihr Ruhe finden für eure Seele. Denn mein Joch drückt nicht und meine Last ist leicht." (Matthäus 11,28-30)

Thema Waffen, Thema Gerechtigkeit, ... - wie politisch darf, ja muss der Glaube sein?

„Wie schwer ist es doch, die Schranken der Hilfsaktionen, der milden Gaben, des kleinlichen Helfens zu überschreiten - und die Gerechtigkeit selbst einzuholen! Die Privilegierten werden gereizt, fühlen sich falsch beurteilt, entdecken Umsturz und Kommunismus." So im Jahr 1989 der brasilianische Erzbischof Helder Camara (*1909, +1999). Aus: Helder Camara, Stimme der stummen Welt, Zürich 1989, S. 36

„Dom Helder Camara hat Recht: ‚Wer freigiebig an die Armen Brot austeilt, gilt als Heiliger. Wer sagt, dass die Armen ein Recht auf Brot haben, gilt als gefährlich und links.' Das trifft den Nagel auf den Kopf. So ist ‚aus lauter Liebe und Barmherzigkeit' oft großes Unrecht geschehen. Dem widersetzt sich die Solidarität. Sie ist die durch Gerechtigkeit geformte und geschärfte Liebe. Die Solidarität ist über Nächstenliebe und Barmherzigkeit hinaus auf das Gemeinwohl hin ausgerichtet, sie nimmt die gesellschaftlichen Zusammenhänge wahr. Sie denkt nicht nur vom einzelnen Menschen her, sondern menschheitlich. Sie hat nicht nur den Einzelfall im Auge, dass jemand unter die Räuber gerät und ausgeplündert im Graben liegt, sie schaut darauf, wie räuberische Strukturen in Markt und Ökonomie gerade in Zeiten der Globalisierung Menschen ausbeuten."
So der frühere Limburger Bischof Franz Kamphaus 2008 in seinem Beitrag für die Festschrift Wolfgang Thierses.

10 „Sieger über den Tod"?

Wir sagen Nein zum Tod, oft verzweifelt Nein. So sehr Nein, dass wir ihn sogar aus unseren Gedanken verbannen, nicht von ihm reden, so tun, als käme er in unserem Leben nicht vor, als würde er uns selbst nicht bevorstehen. Nein zum Tod. – Und Gott?

„Gott hat den Tod nicht gemacht und hat keine Freude am Untergang der Lebenden. Zum Dasein hat er alles geschaffen und heilbringend sind die Geschöpfe der Welt. Kein Gift des Verderbens ist in ihnen, das Reich des Todes hat keine Macht auf der Erde; denn die Gerechtigkeit ist unsterblich." (Weisheit 1,13-15)

Gott ist also auch einer von denen, die Nein sagen zum Tod?! Ja, der Tod ist nicht einmal eines der Dinge, die er geschaffen hat?!

„Es hat Gott gefallen, unseren innig geliebten Großvater, Vater ..." usw. – Sie kennen das. Nein! Es hat Gott ***nicht*** gefallen! „Zum Dasein hat er alle geschaffen"! „Er hat keine Freude am Untergang der Lebenden!" Auch ***er*** sagt Nein zum Tod. Was für ein Glück!

Werfen wir doch also alles Andere über Bord – ein für alle Male – diese Gedanken, Gott sei es, der uns aus dem Leben wegholt! Tun wir doch nicht weiter so, als sei Gott ein so sadistischer Tyrann, der seine Freude daran findet, uns leiden zu lassen! – Und Jesus? Sagt er auch Nein zum Tod?

Als Maria dorthin kam, wo Jesus war, und ihn sah, fiel sie ihm zu Füßen und sagte zu ihm: Herr, wärst du hier gewesen, dann wäre mein Bruder nicht gestorben! Als Jesus sah, wie sie weinte und wie auch die Juden weinten, die mit ihr gekommen waren, war er im Innersten erregt und erschüttert. Er fragte: Wo habt ihr ihn bestattet? Sie antworteten: Herr, komm und sieh! Da weinte Jesus. Die Juden sagten: Seht, wie lieb er ihn hatte! Einige aber sagten: Wenn er dem Blinden die Augen geöffnet hat, hätte er dann nicht auch verhindern können, dass dieser hier starb? Da wurde Jesus wiederum innerlich erregt und er ging zum Grab. Es war eine Höhle, die mit einem Stein verschlossen war. Jesus sagte: Nehmt den Stein weg! Marta, die Schwester des Verstorbenen, entgegnete ihm: Herr, er riecht aber schon, denn es ist bereits der vierte Tag. Jesus sagte zu ihr: Habe ich dir nicht gesagt: Wenn du glaubst, wirst du die Herrlichkeit Gottes sehen? Da nahmen sie den Stein weg. Jesus aber erhob seine Augen und sprach: Vater, ich danke dir, dass du mich erhört hast. Ich wusste, dass du mich immer erhörst; aber wegen der Menge, die um mich herum steht, habe ich es gesagt; denn sie sollen es glauben, dass du mich gesandt hast. Nachdem er dies gesagt hatte, rief er mit lauter Stimme: Lazarus, komm heraus! Da kam der Verstorbene heraus; seine Füße und Hände waren mit Binden umwickelt, und sein Gesicht war mit einem Schweißtuch verhüllt. Jesus sagte zu ihnen: Löst ihm die Binden und lasst ihn weggehen! Viele der Juden, die zu Maria gekommen waren und gesehen hatten, was Jesus getan hatte, kamen zum Glauben an ihn. (Johannes 11,32-45)

Das kann einen gerade zum Jubeln bringen. Auch wenn man noch unter dem Tod eines einem nahe stehenden Menschen leidet. Gott sagt in Jesus Nein zum Tod. Und er macht nicht nur Worte: Er handelt!

Diese Erzählung kann so sehr Mut machen, wirklich Ich zu sein mit allem, was mich wirklich beschäftigt angesichts des Todes. Wir trauen uns ja normalerweise nicht. Wie reagieren wir denn üblicherweise, wenn einer, den wir wirklich lieb hatten, gestorben ist? Wir sacken ab in passive Resignation. Nicht Jesus! Er weint auch, ja! Er trauert auch, ja!

„Jesus war in seinem Innersten erregt und erschüttert." Nämlich als er sah, wie sie weinten. Die meisten Menschen verstehen das so: Jesus ärgert sich darüber, dass die Leute so traurig sind, dass sie weinen, dass sie nicht mehr Hoffnung haben. Die Norm, der Christ dürfe wegen der Hoffnung über den Tod hinaus angesichts des Todes nicht trauern, projizieren sie auf Jesus. Dann ist natürlich seine Erregung, sein Ärger darauf bezogen, dass die Leute da so angeblich hoffnungslos weinen. Zum Glück heißt es hinterher: Er weint selbst. Also was ist der Grund für seine Erregung?

Er ärgert sich darüber, dass der Tod so viel Leid über Menschen bringt! Gott hat schließlich die Lebenden fürs Leben gemacht und nicht für den Tod! Und Gott will nicht, dass Menschen so unter dem Tod zu leiden haben! Der Zorn packt ihn. Zum Glück verbietet er sich auch den Zorn nicht. Der entwickelt sich zur Energie, aus der er handelt: Den Lazarus, den sie längst aufgegeben haben, den holt er ins volle Leben zurück. Er hat einfach Gottes Energie in sich; eine Energie, die das bringt, was Gott will. Weil Jesus in seinem Zorn übereinstimmt mit dem, was Gott will, bringt er den Menschen damals und uns heute ein deutliches Zeichen, zu dem der Vater ihn gesandt hat. Das Johannes-Evangelium meint ja alle seine Erzählungen so, dass sie bezeugen, welche „Zeichen" für Gott Jesus in die Welt bringt. Dann heißt diese Erzählung also: Jesus zeigt hier, was Gott zu allen Zeiten in dieser Welt tun will – durch alle die, die bereit sind, Zeichen für ihn zu sein: zornig Nein sagen zum Tod, den Kampf aufnehmen gegen den Tod!

Trauer kann so zu etwas Schöpferischem werden. Alexander und Margarete Mitscherlich haben allerdings 1967 mit ihrem Buch „Von der Unfähigkeit zu trauern" aufmerksam gemacht: Es gibt in unserer Kultur eine Unfähigkeit, zornig zu sein über den Tod; eine Unfähigkeit, den Tod hereinzuholen in die Realität unseres Lebens – und somit auch, den Tod zu meistern – geschweige denn, aufgeschlossen zu sein für die Botschaft von dem, der den Tod besiegt hat. Trauer aber, die zugelassen wird, Trauer, vor der man nicht in Panik gerät, wandelt sich in Energie.

Jesus selbst mit seinem ganzen Lebensweg und das Zeichen, das er hier gibt, – und das Evangelium, das uns das bezeugt, – das stärkt die Fähigkeit zu einer reifen, aufbauenden Trauer. Die in ihr enthaltene Hoffnung bewegt zum Handeln.

Jemand, der nicht mehr hofft, kann auch nicht mehr zornig sein, auch nicht gegen den Tod. Jemand, der nicht mehr hofft, wird passiv, gelähmt, sagt nichts und tut nichts mehr, krümmt sich auf sich selbst zurück.

So ist aber nicht Gott. Nicht Jesus. Nicht das Zeichen, das Kirche in dieser Welt darstellt und lebt. Kirche, die Jesus nachfolgt – im Zeichen seines Kreuzes – , kämpft gegen den Tod. Und die Trauer angesichts des Todes macht solche Energie mobil und setzt sie dazu in Bewegung.

Etwa so?: Meine beiden Schwestern waren gestorben – beide im Sommer 1986 im Abstand von zwei Monaten – beide an Krebs. Die eine mit 49, die andere mit 54 Jahren. Das löste in mir einiges aus: Ich fing an, über mich und unsereins den Kopf zu schütteln, mit was für Nebensächlichkeiten, mit was für Lappalien wir uns beschäftigen. Auch wir in der Kirche. Statt uns um Wesentliches zu kümmern. Wie etwa um das Nein gegen den Tod. Wir bekennen doch – mit Worten jedenfalls, wir Christen – , dass das Wesentliche unseres Glaubens die Auferstehung von Jesus aus dem Tod ist. Das ist doch das Nein zum Tod schlechthin! Gott hat doch einen unglaublichen Kampf gegen den Tod gekämpft und einen unglaublichen Sieg errungen – in Tod und Auferstehung von Jesus. Warum lässt uns das so kalt?! Warum lässt ***uns*** das nicht kämpfen? Warum bleiben wir vielmehr, wenn eine Person gestorben ist, die uns wichtig war, so befangen – wir Christen, meine ich – so befangen in der passiven Resignation, in der Depression? Warum? Der einzelne Mensch – das ist mir völlig klar – der wird vom Leiden natürlich heruntergedrückt. Aber wenn er doch die Anderen hat, die anderen Christen, die Gemeinschaft eben des ***Heiligen*** Geistes, der heil macht, sogar angesichts des Todes heil macht!

Vielleicht fällt ja diese Gemeinschaft aus. Vielleicht „haben" wir ja die Anderen nicht. Und vielleicht ist es ja für den einzelnen Christen kein Unterschied zu den anderen einzelnen Menschen, die jemanden an den Tod verloren haben. Aber wenn wir das einsehen, haben wir ja die Chance zur Umkehr! Nämlich zur Umkehr zu dem Geist, aus dem Jesus lebt. Zur Umkehr dahin, dass wir demselben Zeichen Raum geben, wie Jesus es getan hat.

Totengedenken an Allerseelen 1986:

Von den 49 Personen unserer Gemeinde, die in den vergangenen 12 Monaten gestorben sind, war jeder fünfte noch nicht über 60. Jeder Fünfte ist einen vorzeitigen Tod gestorben! Das entspricht den statistischen Untersuchungen: Ein Fünftel aller, die aus dem Erwerbsleben ausscheiden, scheidet durch den ***Tod*** aus! Vorzeitig. Untersuchungen im Auftrag der UNO[1], aus den USA, aus der DDR und aus der Bundesrepublik sagen übereinstimmend, dass bei den vorzeitigen Toden Umwelteinflüsse, zivilisatorische Einflüsse der Grund Nummer 1 sind. Das heißt: Es sind Dinge, gegen die zwar die Medizin nichts tun kann, aber gegen die der rettende Gott etwas tun kann, wenn Menschen es wollen, – ***wenn Menschen das wollen***!

Die Untersuchungen haben es bekannt gemacht: Die beiden häufigsten Todesursachen in der Bundesrepublik – mit 51 % die Herz- und Kreislauferkrankungen und mit 23 % der Krebs – sind bei den vorzeitigen Todesfällen zum allergrößten Teil durch Umwelteinflüsse verursacht. Das ist bekannt. Es ist auch bekannt, welches die Ursachen sind. Es ist bekannt, wie man sie vermeiden könnte, also wie man das Leid vermeiden könnte. „Jesus wurde in seinem Inneren vom Zorn gepackt, und er erregte sich." Wir entrüsten uns auch, wenn wir von so etwas erfahren. Nur ***wir*** bleiben dann leider dabei – und freuen uns vielleicht, dass wir sagen können: Ich bin nicht schuld dran, andere sind schuld dran. Aber Jesus bleibt nicht dabei. Er geht weiter. Er handelt. Natürlich heute genauso wie damals, wenn er doch derselbe Jesus ist. Er nimmt den Kampf gegen den Tod auf. Wo Christen seine Kirche sind, da zeigt er sich lebendig und handelt! Da beten Menschen „Dein Wille geschehe, wie im Himmel, so auf Erden!" und lassen sich von ihm anstecken. Zum Glauben, der sich zunächst im Zorn zeigt und dann in der Solidarität und dann im aktiven Kampf. Der Kampf kann zum Beispiel da ansetzen, wo es deutlich wird, wenn Berufsgenossenschaften bestimmter Industriezweige sehenden Auges die Durchsetzung von Arbeitsschutzmaßnahmen verweigern ...

Wer entsprechendes Interesse hat, kann sich ja dafür zusammentun mit anderen, kann sie suchen. Wir ***können*** jedenfalls – nicht „wir", aber Christus ***kann*** – gegen den Tod ankämpfen!

Ich bekenne mich dazu, dass der Krebs-Tod meiner beiden Schwestern in diesem Jahr schon auch etwas Segensreiches für mich hatte: Ohne meine Trauer um sie hätte sich mir diese Perspektive des Kampfes mit Jesus Christus gegen den Tod wohl nicht erschlossen.

---

[1] z. B. lt. Frankfurter Rundschau vom 24.10.1986 der Bericht der UN-Umweltorganisation UNEP „zur Lage der Umwelt 1986"

11 Jesus kämpft anders!

Jesus wollte etwas bewirken. Natürlich! Aber nun hatten sie ihn hingerichtet. War er gescheitert? Hatte er kampflos das Feld geräumt?

Am ersten Tag der Woche gingen die Frauen mit den wohlriechenden Salben, die sie zubereitet hatten, in aller Frühe zum Grab. Da sahen sie, dass der Stein vom Grab weggewälzt war; sie gingen hinein, aber den Leichnam Jesu, des Herrn, fanden sie nicht. Während sie ratlos dastanden, traten zwei Männer in leuchtenden Gewändern zu ihnen. Die Frauen erschraken und blickten zu Boden. Die Männer aber sagten zu ihnen: Was sucht ihr den Lebenden bei den Toten? Er ist nicht hier, sondern er ist auferstanden. Erinnert euch an das, was er euch gesagt hat, als er noch in Galiläa war: Der Menschensohn muss den Sündern ausgeliefert und gekreuzigt werden und am dritten Tag auferstehen. Da erinnerten sie sich an seine Worte. (Lukas 24,1-8)

Und was ergab sich für sie daraus, dass sie sich an seine Worte erinnerten? – In diesem Augenblick werde ***ich*** an seine Worte erinnert. Und es geht jetzt um die Konsequenzen, die das bei mir hervorruft.

Also zum Beispiel sein Wort: „Der Menschensohn muss den Sündern ausgeliefert werden." Ausliefern. Der Menschensohn – der, der von Gott in die Welt kommt, um die Welt neu zu machen. Der in die Welt kommt, weil Gott sich entschlossen hat zu kämpfen – gegen den Tod, gegen die Sünde, gegen das Verderben der Menschen, gegen den Hass, gegen die Zerstörung – im vollen Bewusstsein, dass das in der Welt starke Mächte sind: Tod, Hass, Zerstörung und so weiter. Er unternimmt es, dagegen anzukämpfen. Gott. In diesem einen Menschen Jesus.

Und der Kampf, wie Gott ihn führt, der Kampf in Gottes Stil, mit dem zuverlässigen Ziel, alle diese Mächte zu entmachten – dieser Kampf wird von Jesus so charakterisiert: „Der Menschensohn muss ausgeliefert werden." Den Sündern. Das heißt: Er selber liefert sich aus, er, Gott in diesem Menschen. Das ist die Art, in der Gott kämpft – gegen starke Mächte.

Ausliefern. Sich ausliefern. Das ist eine ganz andere Art zu kämpfen. Wir stolzen Menschen unserer Zeit sagen natürlich: Das ist überhaupt kein Kampf, das ist der Verzicht auf Kampf! – Und dann kann man dem noch ein religiöses Mäntelchen umhängen und sagen, so aufs Kämpfen zu verzichten, das sei doch feige Flucht und Hoffnungslosigkeit.

Aber Gott hat Jesus nicht geschickt, damit er die Gegner erschießt, ersticht, erschlägt oder so etwas. Gottes Stil ist ein anderer. Sein Volk hat das nicht verstanden. Nie verstanden? Sein Volk hat doch bisher noch zu allen Zeiten die Gegner erschlagen, erschossen, verbrannt und hat die Menschen dazu benutzt und benutzen lassen. Nein, Gottes Stil, gegen das Böse zu kämpfen, ist ganz anders: Angesichts der Feinde, Auge in Auge mit ihnen – *„Du deckst mir den Tisch vor den Augen meiner Feinde."* (vgl. Psalm 23)

Der Menschensohn muss den Sündern ausgeliefert werden an den gemeinsamen Tisch, muss gekreuzigt werden, muss das Risiko auf sich nehmen – und am dritten Tag auferstehen! Das heißt: ***Dieser*** Weg ist der Weg zum Sieg.

Entschärfte Begegnung

Mai 1968. Großdemonstration gegen die von der großen Koalition geplanten Notstandsgesetze. Zehntausende füllten die Bonner Innenstadt. Und wir, wir waren zehn. Gegendemonstranten. Wir gingen nebeneinander durch eine Straße, die zum zentralen Kundgebungsplatz führte. Mit klopfendem Herzen.

Uns war klar: Wir würden keine Gewalt anwenden. Und

unsere Gegner? Da waren wir uns nicht so sicher. Aber wir wollten einfach unsere andere Meinung geltend machen!

Da kam von gegenüber eine Gruppe auf uns zu. Erkenntlich als ein kleiner Teil der Großdemonstration. Auch nebeneinander gehend, auch etwa zehn Leute. – Was würde das werden?!

Wir kamen einander immer näher. Schließlich blieben wir voreinander stehen. Eine Diskussion begann. Besser gesagt: ein Streit. Eher feindselig. Die Worte gingen hin und her, die Spannung stieg.

Da griff mein Gegenüber – wir hörten beide gerade zu, was andere von beiden Seiten sagten – in seine Tasche nach einem Stück Baguette. Er brach ein Stück ab und wollte es in den Mund stecken. Plötzlich hielt er inne, schaute auf das Brot in seiner Hand, schaute zu mir und dann zu anderen in unserer Reihe. Sein Gesicht ging in die Breite und er streckte die Hand mit dem Brot zu mir hin aus. Danach brach er den anderen weitere Stücke ab und grinste (oder lächelte er?) gedehnt: „Wie Jesus beim Abendmahl."

Schlagartig entspannte sich das Gespräch.

12 Zusammenbruch? Eine Frage der Perspektive

Jesus sagte zu seinen Jüngern:

... in jenen Tagen, nach der großen Not, wird sich die Sonne verfinstern und der Mond wird nicht mehr scheinen; die Sterne werden vom Himmel fallen und die Kräfte des Himmels werden erschüttert werden. Dann wird man den Menschensohn mit großer Macht und Herrlichkeit auf den Wolken kommen sehen. ... Lernt etwas aus dem Vergleich mit dem Feigenbaum! Sobald seine Zweige saftig werden und Blätter treiben, wisst ihr, dass der Sommer nahe ist. Genauso sollt ihr erkennen, wenn ihr all das geschehen seht, dass das Ende vor der Tür steht. ..."
(Markus 13,24-29)

„Wenn ihr all das geschehen seht" – alles das: wie alles den Bach hinuntergeht und wie man nur noch vorm Ende Angst haben kann ... Wenn alles in die Brüche zu gehen scheint, Zusammenbruch und Untergang angesagt sind, dann „sollt ihr erkennen" – wie beim Feigenbaum oder bei jedem anderen Baum – da könnt ihr's ja auch, da merkt ihr auch: das sind Zeichen, die euch zeigen: jetzt kommt bald der Sommer ... Oder wenn eine schwarze Wolke kommt und zeigt: Es wird bald regnen ... Macht's doch auch so, „wenn ihr all das geschehen seht", was euch nach Zusammenbruch aussieht!

Die Verwandten meiner Elterngeneration sprachen immer wieder von den Ereignissen des Frühjahrs 1945 mit dem Wort „Zusammenbruch" – so ganz selbstverständlich. „Nach dem Zusammenbruch" haben wir dann das und das gemacht. Das war eine Zeitangabe: der Zusammenbruch. Und sie meinten damit das Ereignis, das man auch anders benennen kann: Man kann dazu sagen „Kriegsende", man kann auch sagen „die Befreiung". – Aus ***einer*** Perspektive – aber eben nur aus ***einer!*** – sind alle möglichen Ereignisse ein „Zusammenbruch". Und wenn ein totalitäres Regime zusammenbricht, - was für eine „Befreiung"! Es ist eine Frage der Perspektive, und wir sind in der Lage, uns zu entscheiden, aus ***welcher*** Perspektive wir die Dinge sehen ***wollen***!

Das hat nichts mit Illusion zu tun oder damit, sich etwas vorzumachen. Sondern es ist das Wissen, dass Perspektiven – und seien sie von einer noch so großen Mehrheit der Bevölkerung getragen – immer etwas Relatives sind, ja sie können eine Ideologie sein.

Oswald Spengler hatte am Anfang des 20. Jahrhunderts ein Buch geschrieben mit dem Titel „Der Untergang des Abendlandes". Und er meinte auf Grund der damaligen Ereignisse und Entwicklungen, dass da alles zusammenbricht. Genauso wie mancher – nicht nur Politiker, sondern auch Bürger in den vergangenen Jahrzehnten unseres Landes gemeint hat, die deutsche Kultur bricht jetzt total zusammen, bloß weil da Menschen kommen, die bei uns Zuflucht suchen aus anderen Kulturkreisen. Und dann bricht da alles zusammen, wenn man merkt, dass die Menschen anderer Herkunft nationaler und religiöser Art mehr Kinder auf die Welt bringen als die deutscher Herkunft – ja wenn dann in der Schule der Anteil der Ausländerkinder die Hälfte erreicht oder gar übersteigt, und so weiter. Da bricht für manche alles zusammen.

Und da hören wir von Jesus: Wenn ihr all das geschehen seht, was man mit apokalyptischer Bildsprache nur zusammenstellen kann – Zusammenbruch und Weltuntergang und alles am Ende und so weiter und wenn nur noch Verzweiflung angesagt ist ... – dann werdet ihr „das Ende vor der Tür" sehen. Das heißt: wenn es ***vor*** der Tür ist, sieht man es noch nicht, weil man ja drinnen gefangen ist; man meint, man sei eingemauert vom Nichts. Aber da macht Jesus aufmerksam: Da ist eine Tür! Und wenn die auch

geschlossen sein sollte und ihr sie nicht seht, – ***vor*** der Tür draußen kommt das, was erst das Ende ***ist***. Denn das, was ihr als Ende meint, ist es noch lange nicht! Das Ende steht vor der Tür, nämlich es ist „der Menschensohn", der kommt – voller „Macht und Herrlichkeit". Und der kommt, um Gottes Reich, Gottes Wirkungsbereich aufzubauen und weiterzubauen – einen Lebensstrom, der sich immer weiter ausbreitet. ***Das*** ist dann das Ende!

Das ist das, worauf alles hinzielt und hinstrebt. Weil ***er*** der ist, der die ganze Welt in seinen Händen hat – auch wenn wir mit unserem Schmalspur-Blick manchmal ganz andere Eindrücke gewinnen.

Krise total?

Bricht alles zusammen? Geht meine Welt jetzt unter? Oder werde ich bestehen?

Beim einen Menschen ist es der schwere Unfall, der ein Weiterarbeiten im finanziell lukrativen und zur Lebenserfüllung gewordenen Beruf unmöglich macht, – was dann die Schuldenfalle öffnet und zur Aufgabe des Hauses zwingt, – das allerdings für die Partnerin wichtiger Lebensmittelpunkt ist, so dass daran die Partnerschaft zerbricht.

Bei einer anderen Person ist es die entsetzliche Entdeckung, dass der Partner, mit dem sie vertrauensvoll und in Freundschaft große Pläne geschmiedet und auf einen erfolgreichen Weg gebracht hatte, sie die ganze Zeit nach Strich und Faden betrogen hat, ...

Nicht nur für junge Menschen ist es oft eine Prüfungssituation: Abitur, Führerschein, Abschluss der Berufsausbildung, ... Jugendliche (15 und 16 Jahre alt) haben als Lernkontrolle nach einer Lerneinheit zum Thema „Glauben – wie geht das?" auf die Frage „Woran glaube ich angesichts einer bevorstehenden Mathematik-Arbeit?" geantwortet:

In der Mathe-Arbeit glaube ich an ...
... mein gutes Gedächtnis
... meine Fähigkeit zum Durchblick
... mein Können
... meine Bemühungen, vorher zu üben
... den letzten Augenblick vor Beginn der Stunde
... den Nachbarn
... mein logisches Denkvermögen
... die Zukunft, und die hat mit der Note, die ich auf diese Arbeit bekomme, nichts zu tun.

Wer gerade nicht betroffen ist von irgendeiner bedrohlichen Situation mit hohem Stellenwert oder wer mit seinem Naturell allgemein eher gelassen reagiert, mag dieses Beispiel als harmlos empfinden. Aber es macht eine grundsätzliche Frage deutlich:

Welche Einstellung bestimmt ***meine*** Art, einem drohenden Untergang zu begegnen? Panische Angst? Sie wird mich desorientieren und meine Kräfte lähmen. Untergang ist vorprogrammiert.

Oder prägt mich dann ein Hoffnungsenergien verfügbar machendes Urvertrauen? Unvorhergesehene Chancen werde ich dann nicht versäumen.

Ob mich die eine oder die andere Einstellung beherrscht, hängt von vielen Faktoren ab: Lebensgeschichte, Gewohnheiten, Selbstbewusstsein, Mich-getragen-wissen, ... Davon hängt meine Perspektive ab, aus der ich die katastrophale Lebenslage angehe.

Jesus und sein Evangelium ist Gottes Angebot einer höchst zuverlässigen Basis für meine Zukunft: *„Wenn ihr all das seht, dann richtet euch auf und erhebt euer Haupt, denn es naht die Erlösung!*" (Lukas 21,28)

13 Eine Herausforderung, die sich lohnt

Als einige darüber sprachen, dass der Tempel mit schönen Steinen und Weihegeschenken geschmückt sei, sagte Jesus: Es wird eine Zeit kommen, da wird von allem, was ihr hier seht, kein Stein auf dem andern bleiben; alles wird niedergerissen werden. Sie fragten ihn: Meister, wann wird das geschehen und an welchem Zeichen wird man erkennen, dass es beginnt? Er antwortete: Gebt Acht, dass man euch nicht irreführt! Denn viele werden unter meinem Namen auftreten und sagen: Ich bin es!, und: Die Zeit ist da. – Lauft ihnen nicht nach! Und wenn ihr von Kriegen und Unruhen hört, lasst euch dadurch nicht erschrecken! Denn das muss als erstes geschehen; aber das Ende kommt noch nicht sofort.

Dann sagte er zu ihnen: Ein Volk wird sich gegen das andere erheben und ein Reich gegen das andere. Es wird gewaltige Erdbeben und an vielen Orten Seuchen und Hungersnöte geben; schreckliche Dinge werden geschehen und am Himmel wird man gewaltige Zeichen sehen. Aber bevor das alles geschieht, wird man euch festnehmen und euch verfolgen. Man wird euch um meines Namens willen den Gerichten der Synagogen übergeben, ins Gefängnis werfen und vor Könige und Statthalter bringen. Dann werdet ihr Zeugnis ablegen können. Nehmt euch fest vor, nicht im voraus für eure Verteidigung zu sorgen; denn ich werde euch die Worte und die Weisheit eingeben, sodass alle eure Gegner nicht dagegen ankommen und nichts dagegen sagen können. Sogar eure Eltern und Geschwister, eure Verwandten und Freunde werden euch ausliefern und manche von euch wird man töten. Und ihr werdet um meines Namens willen von allen gehasst werden. Und doch wird euch kein Haar gekrümmt werden. Wenn ihr standhaft bleibt, werdet ihr das Leben gewinnen." (Lukas 21, 5-19)

„Schreckliche Dinge werden geschehen." Und die als Christen an Gott glauben, werden verfolgt ... Ist da von unserer Zeit die Rede? – Naja, manches macht schon Angst: Wohin geht es mit unserer Welt?

Sich von der Angst beherrschen lassen – das bringt's nicht; das macht depressiv und niedergeschlagen. Das kann einem buchstäblich das Leben nehmen. Aber das, was Angst macht, einfach verleugnen, indem wir uns mit Nebensächlichkeiten abgeben wie etwa mit der Bewunderung von schönen Steinen und Weihegeschenken im Tempel von Jerusalem – das ändert auch nichts.

Natürlich kann man sagen: „Jetzt hilft nur noch beten" – als Rechtfertigung für eigene Untätigkeit und Passivität. Allerdings kann dann auch die Motivation baden gehen, selber mitzugestalten, was Gott herbeiführen will!

Und wenn die Angst vor der Zukunft einen beherrschen will, ist es wie beim Säugling, der Hunger hat, aber nicht sofort ans Ziel seiner Wünsche kommt: Er bekommt Angst: „Ich werde nie wieder zu trinken, zu essen bekommen." – Weil er es ja nicht sofort bekommt. Das Vertrauen lernt der Säugling erst im Lauf der Monate. Und wenn im Erwachsenenalter die Angst groß wird, dann kann sich das wieder bemerkbar machen, was wir als Kleinkind nicht verarbeiten konnten. Dann wollen wir auch heute mit aller Macht „unser Fläschchen sofort": das Ziel unserer Sehnsüchte, wohin Gott uns ja „angeblich" auch führen will. Es ist anscheinend schwierig, in den wesentlichen Fragen des Lebens Ausdauer zu haben – Ausdauer in der Zielstrebigkeit, Ausdauer in der Hoffnung.

Die Alternative zum Jetzt-Sofort heißt: Eben erst am Ende kommt das Ende, das Ziel; das Leben ist immer ein Weg, eine Geschichte – sowohl das Leben des einzelnen Menschen als auch die Weltgeschichte. Und wie auf jedem Weg geht es da um Ausdauer im Weitergehen.

Und da heißt es in der Bibel immer wieder: Gott geht mit den Menschen durch die Zeit, und er bringt die Geschichte wirklich zu einem guten Ergebnis. Er tut es!

Man kann natürlich sagen „Nein, er tut es nicht!" und macht „Beweise" geltend. Aber in Wirklichkeit sind das dann nur Zeichen dafür, dass er es bis jetzt noch nicht ans Ende gebracht hat. Jesus sagt ja: „Das Ende kommt nicht sofort." Es ist ein Weg. Oft durch Beängstigendes, Mühsames, Belastendes hindurch. Und Gott geht – ja – an unserer Seite diesen Weg mit uns.

Und wenn wir der Zusage trauen, dass unser Weg Gottes Weg mit uns ist, dann bringt das einiges:

Gerade wenn ich daran festhalte: Gott führt die Geschichte zu ***seinem*** Ziel, und wenn ich das ***auch*** will – wenn ich also selber ***will***, dass das immer mehr ***wird***, was er will, – dann ist die lange Zeitdauer, der Zeitverzug geradezu die Chance dafür, dass ich ungeduldig werde und suche: Wie kann ich denn selber mitmachen, dass das wird?! Da machen wir uns ja dran, – Jesaja sagt: „dem Herrn den Weg zu bahnen." (vgl. Jesaja 40,3) Da machen wir uns dran, den Ablauf der Geschichte mitzugestalten, also dafür zu sorgen, dass es umfassender, schneller, besser, mehr so wird, wie es von Gott verheißen ist. Da werden wir aktiv.

Außerdem werden wir dann auch die anderen überzeugen wollen von dem, was da Grund ist, Hoffnung zu haben. Jesus sagt: „Dann werdet ihr Zeugnis ablegen können."

Und in dieser Hoffnung werden wir Standhaftigkeit entwickeln in den Auseinandersetzungen der Geschichte. Natürlich: Auseinandersetzung ist immer etwas Unbequemes. Jesus sagt dazu: „Macht euch nicht im voraus Sorge, wie ihr euch verteidigen müsst!" Wenn das doch Gottes Weg mit uns Menschen ist! Und was Jesus anfügt: „Ich werde euch die rechten Worte eingeben." Da mag man euch angreifen oder ins Gefängnis werfen, ihr wisst ja schließlich, worum es geht! So was kann euch dann doch nicht umwerfen! Im Gegenteil: Wir werden uns den Herausforderungen der Zeit stellen: Überall da, wo die Menschlichkeit, wie Jesus sie uns gezeigt hat, zwecks „Verteidigung lebenswichtiger nationaler Interessen" mit Füßen getreten wird, da werden wir aufstehen und werden zeigen, sagen und das Entsprechende tun, uns heraus fordern lassen, heraus aus ängstlicher Lähmung und Passivität.

Das ist kein bequemer Weg; es ist ein mühevoller Weg, solches Leben in aktiver Hoffnung auf Zukunft! Aber das ist uns ja nicht fremd. Überlegen Sie doch: Erst der ***Kampf*** der Fußballmannschaft bringt doch die richtige Freude am getroffenen Tor! Was wäre das ein langweiliges Spiel, wenn man ohne jede Mühe und immer wieder „sofort jetzt" den anderen den Ball ins Tor schießen könnte! Oder in einer Ehe: Wenn man eine Reihe von Krisen fruchtbar gemeistert hat, ist dann diese Ehe nicht viel intensiver und tiefer?! Oder wenn ich eine Arbeit mit Ausdauer und Mühe zum guten Ergebnis gebracht habe, macht nicht gerade das besondere Freude und gibt Selbstvertrauen?

Ja, wir kennen das: Was Mühe macht und was man zu einem Ergebnis gebracht hat, das lohnt das Leben. Auf dem Lebensweg unerschrocken, standhaft und mit Ausdauer sich den Herausforderungen stellen – das geht nur, weil wir nicht sofort am Ziel sind, weil das Ende nicht sofort kommt. Wenn es so wäre, dass wir sofort in den Dingen am Ziel wären, die wir uns ersehnen, was wäre danach das Leben todlangweilig!

„Jaja, ich weiß, da kommen Erdbeben, da kommen Kriege, da kommen Überhebliche, die sich also über das Menschsein erheben und Gott sein wollen; da kommt alles mögliche Schreckliche, ich weiß ..." sagt Jesus. Aber eigentlich sind das alles Wegstrecken auf das Ziel Erlösung hin: „Wenn ihr standhaft bleibt, dann werdet ihr das Leben gewinnen."

Das nehmen wir nicht hin!

Piero kam entsetzt: „Hast Du schon Fechenheim gesehen?!" Hatte ich nicht. Aber ich ging sofort los und schaute mich im

Stadtteil um. Überall Parolen voller Hass gegen Ausländer. In der Massierung wahrlich Angst erregend, vor allem, wenn man selber „Ausländer" war wie Piero. Das muss eine schon erschreckend starke Gruppe gewesen sein, die da über Nacht Hausmauern besprüht und an allen möglichen Stellen Aufkleber angebracht hatte: „Ausländer raus!" „Deutschland den Deutschen!", „Sieg Heil!" und Hakenkreuze, ... Auf eine Bank an der Haltestelle war gesprüht „Nur für Deutsche" ...

Was war zu tun? Freunde aufsuchen. Im kleinen Kreis sich gegenseitig des Entsetzens vergewissern. Das Lähmende spüren, dass hier eine Kraft sich unseres Stadtteils bemächtigen will. Gemeinsame Auflehnung: „Nein, das nehmen wir nicht hin!"

Per Schneeballsystem sprachen wir andere an – andere aus der Kirchengemeinde und darüber hinaus Nachbarn und Freunde, von denen wir annehmen konnten, dass sie mitmachen würden. Wenige Tage danach, am 1. Juni 1985, Samstag Mittag, trafen wir uns: Etwa 60 Personen, bewaffnet mit Drahtbürsten, Lösungsmitteln, Putzeimern, ... Wir teilten uns grüppchenweise auf Straßenzüge auf und machten uns ans Werk. Am Abend war das übliche Erscheinungsbild unseres Stadtteils wieder hergestellt. Bestärkt und froh gingen wir wieder auseinander. Die örtliche Presse machte unsere Aktion öffentlich.

14 Wir werden auferstehen!

Als Jesus ankam, fand er Lazarus schon vier Tage im Grab liegen. ... Marta sagte zu Jesus: Herr, wärst du hier gewesen, dann wäre mein Bruder nicht gestorben. ... Jesus sagte zu ihr: Dein Bruder wird auferstehen. Marta sagte zu ihm: Ich weiß, dass er auferstehen wird bei der Auferstehung am Letzten Tag. Jesus erwiderte ihr: Ich bin die Auferstehung und das Leben. Wer an mich glaubt, wird leben, auch wenn er stirbt, und jeder, der lebt und an mich glaubt, wird auf ewig nicht sterben. Glaubst du das? ... (Johannes 11,17-27)

Glaubst du das? – – –

Das ist eine Frage auf Leben und Tod. Es ist die Frage nach Leben und Tod. Natürlich haben wir unsere Schwierigkeiten damit. Aber das ist ja keine moderne Geschichte; das gilt seit eh und je: *„Auch wir,"* betont der Apostel Paulus, *„die wir die Erstlingsgabe des Geistes schon haben"* – also auch da, wo Menschen sind, die wirklich von Gottes Geist her ihr Leben und ihre Sicht, ihre Perspektive prägen lassen, die eben wirklich glauben – auch wir *„seufzen in unserem Herzen."* (vgl. Römer 8,14-23)

Meistens sind wir noch nicht so weit, uns einzugestehen, dass wir seufzen: „Man muss halt zufrieden sein" oder wie die Parolen heißen. Aber Paulus steht voll und ganz dazu. Er zählt sich zu den Seufzenden, solidarisch mit aller Kreatur, für die das Sterben natürlich Leiden bedeutet. Nur: er nimmt das Leiden anders wahr als üblich: *„Ich bin überzeugt, dass die Leiden der gegenwärtigen Zeit nichts bedeuten im Vergleich zu der Herrlichkeit, die an uns offenbar werden soll."* Die Spannung zwischen diesen Sätzen ist für unsere Ohren enorm! Da stellt sich zunächst die Frage: Rechne ich überhaupt mit einer solchen Spannung? Oder rechne ich nur mit der einen Seite: mit dem Tod? Und will ich da überhaupt etwas? Will ich da etwas, das über das Sterben hinausgeht? Will ich überhaupt in die Lage kommen, dass ich Gott nach allem Elend frohen Herzens ehrlich loben will? Will ich das überhaupt? Trau ich dem Leben, das ich dem Schöpfer verdanke, so viel zu? „Glaubst du das?" Auch bemüht sich Paulus in langen Passagen seines 1. Korintherbriefs um seine Leser, sie sollen sich doch bitte schön nicht einfach mit dem Tod zufrieden geben, sondern in Jesus den Anlass sehen, auf Auferstehung zu hoffen: „Und wenn einer sagt, es gebe keine Auferstehung der Toten, dann kann er auch aufhören, von der Auferstehung Jesu zu reden, und dann ist der Glaube umsonst." Dann kann er es bleiben lassen (vgl. 1 Korinther 15,13-19).

Ich weiß nicht warum, aber vielen Menschen scheint es leichter zu fallen, an die Wiedergeburt im Sinne östlicher Religionen zu glauben. Was ja bedeutet, dass der Mensch halt so oft leben muss, bis er es endlich auf die Reihe gekriegt hat, ein wirklich guter Mensch gewesen zu sein. Selbsterlösung. Noch mühsamer, als man es sich je vorgestellt hat.

Hier ist eine radikal andere Alternative. Jesus sagt von sich, und er bietet sich an, fast drängt er sich auf – werbend: „Ich bin die Auferstehung und das Leben!" Er verneint nicht Sterben und Tod, aber durch Sterben und Tod hindurch gilt: Ich bin die Auferstehung und das Leben. – Und er geht selber durch Sterben und Tod hindurch. Leid und Elend, was mit Sterben und Tod verbunden ist, streicht er nicht durch. Aber er ist die Grundlage für den Mut, für dieses Sich-Trauen, das Leben ***ganz*** auf sich zu nehmen – einschließlich Sterben und Tod – das gehört doch zum Leben!

In unserer Umgebung wird so getan, als gehöre es ***nicht*** dazu. Und zu meinem Entsetzen geschieht es immer wieder, dass Menschen, die einander ganz nahe stehen, ***nicht*** miteinander über Sterben und Tod reden. Sie meinen, sie könnten den jeweils anderen schonen.

In jeder Eucharistiefeier stellen wir uns dem Tod und der Auferstehung dessen, den wir als den „Herrn" bekennen. Er will uns einbeziehen in sich, wir sollen teilnehmen, und er schenkt sich uns in einer so elementaren und alles andere als Angst erregenden Weise: Er, der Sterbende teilt sich mit – als Brot, ja sogar als Wein! Was soll er denn noch mehr dafür tun mit seiner werbenden Liebe, damit wir uns doch dem Leben ***ganz*** stellen?!

In dieser Perspektive wächst der Mut, dem „Seufzen" nicht auszuweichen, ja sogar den Schrei auszuhalten, wie er dem Ijob in seinem Elend entfährt: *„Dass doch meine Worte gehört werden, dass sie doch wie in Fels mit einem Griffel eingemeißelt stünden!"* Hört denn keiner?! ... – Und mit dem nächsten Atemzug, ohne Angst vor der Paradoxie, fährt er fort: *„Ich weiß: Der, der mich erlöst, der lebt! ... Ohne meine Haut, die so zerfetzte, ... werde ich Gott schauen. Ihn selber werde ich dann für mich schauen; meine Augen werden ihn sehen, nicht mehr fremd. Ja, danach sehnt sich mein Herz in meiner Brust."* (vgl. Ijob 19,23-27)

Hier ist die Frage offen, die Jesus an Martha stellt: „Glaubst du das?" Wenn ja, wirst du leben. Auch wenn du stirbst, wird es dein Leben sein! Es wird wirklich dein Bewusstsein sein zu leben – lebendig zu leben, mitten im Sterben. Und mitten im Sterben soll sich uns auftun, dass das Leben unglaublich reich ist – mein eigenes Leben – und das Leben des anderen Menschen, der gerade gestorben ist oder bald sterben wird.

Glauben ist eine Willensentscheidung

Was „wahr" ist, wollen wir gerne bewiesen haben. *„Wenn ich nicht die Male der Nägel an seinen Händen sehe und wenn ich meinen Finger nicht in die Male der Nägel und meine Hand nicht in seine Seite lege, glaube ich nicht."* (vgl. Johannes 20,24-29)

So sagt es vor 2000 Jahren der Apostel Thomas, als die anderen ihm erzählen, der am Kreuz hingerichtete Jesus sei ihnen lebendig erschienen. Und auch der moderne Mensch will sich einer „Wahrheit“ erst dann überlassen und die Planung seiner Zukunft darauf gründen, wenn er zumindest einleuchtende Argumente dafür geltend machen kann, aber am besten, wenn er Beweise dafür anerkennen kann.

Manchmal allerdings ahnt der Mensch, dass diese Einstellung unrealistisch ist und er darin einer Selbsttäuschung unterliegt:

„Axiome heißen in der Wissenschaft Urteile, die nach der allgemeinen Meinung für wahr gehalten werden und keines Beweises bedürfen, auch nicht bewiesen werden können. Diese 'letzten Prinzipien', auf die wissenschaftliche Wahrheiten zurückgeführt werden, sind in Wahrheit Sätze des Glaubens. ... bei ihnen deckt sich der Begriff Glaube mit dem des Axioms.“ [1]

Der „Energieerhaltungssatz“ galt z.B. lange Zeit in der Physik als ein solches Axiom. Aber nur so lange, bis man erkannte, dass es einen Bereich gibt, in dem Energie dadurch weniger wird, dass sie sich in Materie verwandelt und umgekehrt. Seither „glaubt“ man nicht mehr daran, dass vorhandene Energie in ihrer Menge immer erhalten bleibt.

Letzte Prinzipien, Fundamente, auf die wir das Leben und unsere Sicht von Zeit und Welt gründen, sind anscheinend immer solche Glaubenssätze oder Axiome. Wenn ich als Grundlage meiner Lebensgestaltung die Einsichten meines Verstandes nehme, dann ist auch das ein Akt des Glaubens, nämlich des Vertrauens in meinen Verstand.

Viele Menschen sehen das auch so, wenn es zum Beispiel um die Verlässlichkeit von „Wahrheiten“ in Bereichen ihres Lebens geht, die ihnen von zentraler Wichtigkeit sind: „Liebst du mich? Wirklich?“ Die Einsicht ist weit verbreitet: Wer weiter fragt: „Wie kannst du mir das beweisen?“, zerstört die Liebe durch die eigene Verweigerung des Vertrauens. Dem Menschen allerdings, der an die Liebe des anderen wirklich glaubt, für den können viele kleine Geschehnisse zu „Beweisen“ der Liebe des anderen werden.

Und wie entscheidet sich, ob ich an etwas oder jemanden glaube? Richtiger gefragt: Wie entscheidet es sich, woran oder an wen ich glaube – gar, an wen oder was ich „im Allerletzten" glaube?

Es ist meine Entscheidung, die Entscheidung meines Willens: „Ich glaube an deine Liebe" heißt: Ich bin entschieden und es ist mein Wille, mich auf deine Liebe zu verlassen. „Ich glaube an Gott und an die Auferstehung" heißt: Ich bin entschieden und es ist mein Wille, mich auf Gott und seine Botschaft von der Auferstehung zu verlassen und daran sowohl alltägliche Gestaltungsfragen meines Lebens als auch fundamentale Weichenstellungen für mein Leben zu orientieren.

---

[1] nach Fritz Mauthner, Wörterbuch der Philosophie, Leipzig[2]1923, Band 1, S. 116-123

Kann ich da der Kirche trauen?

Wie wichtig Gott das ist: Wer sich nach ihm sehnt und ihn sucht, muss ihn in der Kirche finden können!

Nach ihrem Selbstverständnis ist die Kirche die Gemeinschaft derer, die sich mit ihrem Wohl und Wehe dem rettenden und befreienden Gott anvertraut haben.

Und trotzdem gibt es fordernden Moralismus, klagende Opfergesinnung und Misstrauen und Konkurrenz wie überall in der Welt. Es braucht manchmal hartnäckige Geduld bei der Suche nach den zugesagten rettenden Erfahrungen mit Gott in der Kirche!

Wer aber nicht vorschnell aufgibt, der hat die Chance auf eine zuverlässige Weggemeinschaft in immer mehr lebendiges und lebenswertes Leben!

15 Das „Reich Gottes" – ein faszinierender Schatz

Als Jesus wieder einmal den Menschen verständlich machen wollte, was das Eigentliche am Reich Gottes ist, an seiner Herrschaftsweise (im Matthäus-Evangelium immer „Himmelreich" genannt), verglich er:

„Mit dem Himmelreich ist es wie mit einem Schatz, der in einem Acker vergraben war. Ein Mann entdeckte ihn, grub ihn aber wieder ein, und in seiner Freude verkaufte er alles, was er besaß, und kaufte den Acker." (Matthäus 13,44)

Unverhofft macht er diesen Fund; er hat ein Riesenglück! – So ist es mit dem Himmelreich, sagt Jesus. So kommt man ans Himmelreich. Oder: ***Das*** erfüllt einen Menschen, wenn er unverhofft das Reich Gottes entdeckt hat.

Also alles andere als ein Opfer, alles andere als ein heldenhafter Akt, wenn er sich dran macht, alles loszulassen, was ihm bisher wichtig war; alles zu verkaufen, um mit den frei gewordenen Mitteln ganz diesen Schatz, das Reich Gottes erleben, genießen zu können. Unbändige Freude erfüllt ihn!

Das entspricht ja auch dem, was die Evangelien uns vielfältig erzählen: wie Menschen dazu kamen, dass sie, nachdem er sie geheilt oder sonst wie befreit hatte, vor lauter Freude und aus ihrem Innersten heraus gar nicht anders konnten, als mit ihm zu gehen. Sie wollten ja das, was sie da unverhofft gefunden hatten, noch viel mehr und weiterhin genießen und leben.

So ist es mit dem Himmelreich. So ist es mit dem Reich Gottes. So ist es mit dem Christ-Sein.

Ist es wirklich so? Auch für Sie? Oder – nach allem, was Sie wahrnehmen können – für die Menschen in Ihrer Umgebung, von denen Sie wissen, dass sie sich als Christen verstehen?

So ganz fremd ist uns ein solches Verhalten eigentlich ja nicht: So mancher junge Mensch hat schon den Schatz des Lebens gefunden und deswegen so manche lieb gewordenen Lebensgewohnheiten aufgegeben oder ist von der Familie dann weggezogen, hat so vieles losgelassen, um mit seinem Schatz zusammen zu leben, der zu seinem Ein-und-Alles geworden ist. Ja, das gibt's schon in unserm Leben: dass wir für einen gefundenen Schatz alles loslassen.

Ich vermute allerdings: Wenn Menschen, denen der Glaube der Kirche fremd ist, anderen Menschen begegnen, die sich als Christen bekennen, dann haben sie eher den Eindruck, dass – oft jedenfalls – die Christen verbissen etwas wollen, wovon man nicht ganz merken kann, ob sie es wirklich selber wollen oder ob sie vielmehr unter irgendeinem Druck, vielleicht unter Angst, sich Opfer auferlegen, niedergedrückt von schweren Lasten heldenhaft das Gute tun – und weil es nicht aus dem Herzen kommt, dann auch Wert drauf legen, dass die andern sehen, wie heldenhaft sie das Gute tun ...

Das Reich Gottes hat angefangen, als Jesus Menschen fasziniert hat, sie angelockt hat mit diesem Faszinierenden, das sie selbst betraf, so dass sie – koste es, was es wolle – losließen, was ihnen wichtig war, und mit ihm gemeinsam gingen. Und weil sie nicht von einer klagenden Opfergesinnung erfüllt waren, sondern von Freude, von unbändiger Freude, strahlte diese Gemeinschaft der Jünger Jesu mit ihm als Mitte auch nach außen hin aus und konnte neue Menschen mit dieser verlockenden Faszination von Gottes Reich ansprechen. Und das hat sich dann – weil es ***so*** mit dem Himmelreich ist – eben ausgeweitet, verbreitet bis heute.

Und ich denke, Gott will uns „heute" fragen: Ist das bei euch auch so? Wenn es nämlich nicht so ist, dann habt ihr anscheinend Anderes gefunden als das Reich Gottes. Dann macht euch neu auf die Suche! Oder vielleicht sogar nur: Dann öffnet euch, weicht dem Acker, in dem der Schatz vergraben ist, nicht aus! Lasst euch mit dem Fund beschenken – neu, vielleicht ganz neu!

Das Ganze ist nicht nur eine wichtige Sache für jeden Einzelnen von uns. Das Ganze mit der Frage, die uns da Gott wohl stellt, ist auch etwas sehr Wichtiges für die Welt. Ja, wie wir, jeder Einzelne, dazu stehen, ist wichtig für die Welt. Ich will das mit einem ganz alten Text aus der Geschichte der Kirche illustrieren. Das ist aus einer Predigt – wahrscheinlich vom Anfang des 2. Jahrhunderts, dem Bischof Klemens von Rom zugeschrieben. Er schreibt: „Der Herr sagt: Überall wird mein Name gelästert bei allen Völkern. Und wiederum: Wehe dem, durch den mein Name gelästert wird. Wodurch wird er gelästert? Dadurch dass ihr meinen Willen nicht tut. Wenn nämlich die Heiden aus unserem Munde die Aussprüche Gottes hören, staunen sie darüber als über gute und erhabene Worte. Wenn sie aber danach bemerken, dass unsere Werke den Worten, die wir reden, nicht entsprechen, ist die Konsequenz, dass sie Gott lästern und sagen: Es ist irgend ein Mythus und Irrtum." (2. Klemensbrief, 13. Kapitel)

Und in unseren Tagen? Mir sagte jemand: Das, was in der Bibel steht, – alles Märchen! Warum? Weil sich diesem Menschen – einem von vielen – das, was sich als Gemeinschaft, die Gottes Reich sucht oder vielleicht schon gefunden hat, dennoch als ein Abklatsch dessen darstellt, was es in der Welt überall gibt: nicht Herrschaft Gottes, sondern Herrschaft – wie überall in der Welt – des Misstrauens, der Angst, des Konkurrenzkampfs, Habenwollen, Vergeltung (einschließlich des gedankenlos dahingesagten „Vergelt's Gott!"), ...

Wenn Menschen aber voller unbändiger Freude das Reich Gottes, also ***seine*** Herrschaft gefunden haben, dann sieht das doch anders aus: „Ein Reich" – das ist doch eine menschliche Gemeinschaft, in der zugleich ***eine*** bestimmte Kraft ***die*** Kraft ist, die das, was in diesem Reich ***gemeinsam*** gilt, prägt. Und wenn es ein Reich ***Gottes*** gibt, dann ist das also doch der menschliche Bereich, in dem das, was das Gemeinsame betrifft, von ***Gott*** entscheidend geprägt ist; wo also auch alle anderen Kräfte ***nicht*** mehr entscheidend prägen, so dass die Menschen davon frei geworden sind – frei von all dem, was da knechtet und unterdrückt und am Leben behindert, wie etwa Konkurrenzkampf, Habenwollen und so weiter. Das alles ist nebensächlich geworden, weil die stärkste Kraft, die da beherrschend ist, der befreiend, rettend liebende Gott ist. Und das verlockt natürlich faszinierend, wenn man das erlebt hat.

Vielleicht kann man an der Kirche heute deswegen so wenig von diesem leuchtenden, faszinierenden Reich Gottes, das wächst, erleben, weil viel zu viele Menschen vorschnell zu dieser Kirche gezählt werden, so dass da alles sehr gemischt ist. Vor allem in unserer Zeit, die doch sehr viel Wert auf Demokratie legt, muss man dann ja in der Gemeinschaft der Menschen, die auf Gottes Reich hofft, die Mehrheit entscheidend wirken lassen. Aber falls die Mehrheit darin noch gar nicht das Reich Gottes gefunden haben sollte, dann prägt natürlich diese Mehrheit nach den Maßstäben und Kräften, die in der Welt überall herrschen; und dann wird das Licht, das eigentlich leuchtet, unter den Scheffel gestellt. Dann kommt's dazu, dass die Außenstehenden sagen: Ja, wunderbar, schöne Worte, aber Märchen! Die Wirklichkeit deckt's ja gar nicht! Was – ihr behauptet da so schöne Sachen: Friede, Liebe, Gemeinschaft, Interesse aneinander. Aber wo bleibt's denn bei euch, stimmt ja gar nicht. Ihr sagt zwar, ihr glaubt daran, aber ihr macht's doch gar nicht!

„Weil ihr meinen Willen nicht tut." – Wenn diese Kräfte zu sehr gemischt in der Kirche da sind, so dass die Mehrheit, das heißt das Erscheinungsbild von Kirche nach außen gar nicht den Willen Gottes tut, nämlich sein Reich aus lauter Freude miteinander aufbaut, dann kann man sein Reich auch nicht aufstrahlen sehen. Dann bleibt die Gemeinschaft der Jünger Christi es der Welt schuldig, zu sein, was sie ist.

Natürlich - ***nicht*** zu der Gemeinschaft sich dazurechnen, heißt ja noch lange nicht, von Gottes Liebe ausgeschlossen zu sein. Ganz im Gegenteil: Erst wenn die Gemeinschaft des Reiches Gottes - im Idealfall unbeeinträchtigt, unbehelligt von anderen herrschenden Kräften - leben, handeln kann, so dass Gott sich ihrer bedienen kann, erst dann wird ja diese Liebe Gottes, die im Reich Gottes herrscht, noch viel mehr Menschen zukommen können, bei ihnen ankommen können; dann geschieht ja Herrschaft Gottes, Liebe zu allen.

„Reich Gottes". - Der frühere Limburger Bischof Wilhelm Kempf hat einmal die christliche Gemeinde als das „Kraftfeld" von Gottes Geist bezeichnet[1]. Ein Feld, in dem man, wenn man damit in Beziehung kommt, die Kraft von Gottes Geist erlebt. Natürlich insofern solche Gemeinde wirklich Kraftfeld von Gottes Geist sein ***will*** und wirklich ***ist***, sich ihm zur Verfügung stellt. Dann entsteht eben das, was auch das Zweite Vatikanische Konzil als Wesenszug von Kirche nennt, dann ist Kirche Zeichen für die Welt und Werkzeug Gottes für die Welt.[2]

Damit die ganze Welt – wie Gott es meint – auf den Weg zur Einheit und zum Frieden kommt, muss das an einer Stelle anfangen, so dass die ganze Menschheit, davon fasziniert, auf diesen Weg verlockt wird! Und Gott will, dass es mit „seinem Volk" anfängt. Sie soll sein Zeichen sein und sein Werkzeug. Kirche muss zur Einheit und zum Frieden untereinander finden; dann wird sie diese verlockende Faszination ausstrahlen, die ja da entsteht, wo Gottes Reich wächst! Dass wir innerhalb der Kirche besonders Gewicht drauf legen, miteinander das zu finden, was Reich Gottes ist, wird es möglich machen – und nur das wird es möglich machen, dass schließlich Gottes Reich weit über die Grenzen von Kirche hinaus wächst.

So ist es eben: Wo es wirklich um das Reich Gottes geht, wo Menschen wirklich Zugang zum Reich Gottes gefunden haben, da ist es wie mit einem Schatz, der in einem Acker vergraben war, und einer fand ihn unversehens, und voller Freude ließ er alles los, was ihm vorher wichtig war, nur um mehr darin zu leben!

---

[1] Bischof Wilhelm Kempf, „Gemeinden von heute – Gemeinden für morgen" Brief zur Fastenzeit 1974, Ziffer I.2.
[2] vgl. Dogmatische Konstitution „Lumen gentium" über die Kirche, Nr. 1

16 Wertschätzung statt Wettbewerb – Gottes Geist in der Kirche

Nehmen wir an, Sie sind eingeladen worden; einige Zeit später sagen Sie sich: „Jetzt muss ich aber den Andern auch mal einladen, um mich zu revanchieren." Oder: Sie haben Gäste gehabt, haben sie mit Kleinigkeiten bewirtet; und nach einiger Zeit lädt Sie von jenen Gästen jemand ein und es gibt ein ganz hübsches Essen. Dann kriecht in Ihnen vielleicht der Gedanke hoch: „Hätte ich damals vielleicht auch ein bisschen was Besseres machen sollen." Oder: Sie schenken jemandem etwas, und der antwortet: „Oh, wie kann ich das denn wieder gut machen!"

Es gibt eine Freude, anderen etwas zu schenken. Aber diese Freude geht kaputt, wenn man merkt: Der andere erschrickt und ist nur noch mit dem Gedanken beschäftigt: Wie komme ich aus der Pflicht wieder raus? Wie kann ich mich revanchieren? – also zu deutsch: Wie kann ich ihm das vergelten? – Dann ist die Freude am Schenken kaputt. Weil dann das Schenken und Beschenktwerden zum Geschäft verkommt. Oder die Freude am Einladen: Diese Freude geht kaputt, wenn der Eingeladene sagt: „Wann kommst ***du*** mich denn besuchen, damit ich mich revanchieren kann?" Weil da das Einladen und Eingeladenwerden eben auch zum Geschäft verkommt. Manchmal wird das ja geradezu grotesk: Da fängt es mit Knabbereien an, und nach ein paar Mal Hin- und Her-Einladen kommt am Ende ein lukullisches Mahl heraus. Damit jeder, der einlädt, nicht schlechter dasteht, sondern mindestens ebenso gut, ja vielleicht besser dasteht als die vorangegangenen Einladenden. Da kommt also die Sache mit dem Wettbewerb dazu. Man muss ja schließlich konkurrenzfähig sein und sich damit zeigen können! Und damit geht die Freude kaputt. Eine freundschaftliche Beziehung kann so nicht gelingen.

Von diesem problematischen Phänomen spricht eine Erzählung aus dem Neuen Testament:

Als Jesus an einem Sabbat in das Haus eines führenden Pharisäers zum Essen kam, beobachtete man ihn genau.

Als er bemerkte, wie sich die Gäste die Ehrenplätze aussuchten, nahm er das zum Anlass, ihnen eine Lehre zu erteilen. Er sagte zu ihnen: Wenn du zu einer Hochzeit eingeladen bist, such dir nicht den Ehrenplatz aus. Denn es könnte ein anderer eingeladen sein, der vornehmer ist als du, und dann würde der Gastgeber, der dich und ihn eingeladen hat, kommen und zu dir sagen: Mach diesem hier Platz! Du aber wärst beschämt und müsstest den untersten Platz einnehmen. Wenn du also eingeladen bist, setz dich lieber, wenn du hinkommst, auf den untersten Platz; dann wird der Gastgeber zu dir kommen und sagen: Mein Freund, rück weiter hinauf! Das wird für dich eine Ehre sein vor allen anderen Gästen. Denn wer sich selbst erhöht, wird erniedrigt, und wer sich selbst erniedrigt, wird erhöht werden." Dann sagte er zu dem Gastgeber: „Wenn du mittags oder abends ein Essen gibst, so lade nicht deine Freunde oder deine Brüder, deine Verwandten oder reiche Nachbarn ein; sonst laden auch sie dich ein, und damit ist dir wieder alles vergolten. Nein, wenn du ein Essen gibst, dann lade Arme, Krüppel, Lahme und Blinde ein. Du wirst selig sein, denn sie können es dir nicht vergelten."
(Lukas 14,1.7-14a)

Der Gastgeber hat hier anscheinend Leute eingeladen, von denen er wusste: Die sind auch wettbewerbsfähig. Die können sich auch revanchieren. Die ***können*** es mir auch vergelten. – Und die Gäste waren vor allem mit dem Blick beschäftigt: Wie krieg' ich denn hier die meiste Ehre, mehr als die anderen?

Jesus will nicht, dass Menschen sich die Freude kaputt machen – die Freude am Leben, die Freude zum Beispiel am Schenken, am Einladen, am Beschenktwerden, am Eingeladenwerden. Das will er nicht. Er will vielmehr – wie er sagt – , dass wir „selig" sind, glücklich. Er will, dass man zu uns sagt: „Mein

Freund, rück näher hinauf!" Also, dass wir Wertschätzung finden, Anerkennung. Oder – um es mit seinem Wort zu sagen: „Ehre".

Es gibt Menschen ganz unten, und vielleicht sogar jeder Mensch sieht sich in manchen Stunden ganz unten – oder gar Jahre lang. Ganz unten. – „Du ganz unten, mein Freund, rück näher hinauf!" – Da gibt es wirklich Interesse an mir?! Da bin ich anderen wichtig!

„Gut und schön – bei Gott ja." So mancher hat längst resigniert, es unter Menschen je zu finden: wirklich geliebt zu werden. Deswegen gibt er sich mit einem Ersatz zufrieden und sucht – als Ersatz! – die Zuwendung Gottes, möglichst spektakulär. Doch die Zuwendung von Menschen und die von Gott gegeneinander auszuspielen, bringt keine Lösung:

„Ihr seid nicht zu einem sichtbaren, lodernden Feuer hingetreten, zu dunklen Wolken, zu Finsternis und Sturmwind, zum Klang der Posaunen und zum Schall der Worte, ... Ihr seid vielmehr zum Berg Zion hingetreten, zur Stadt des lebendigen Gottes, dem himmlischen Jerusalem, zu Tausenden von Engeln, zu einer festlichen Versammlung und zur Gemeinschaft der Erstgeborenen, die im Himmel verzeichnet sind; zu Gott, dem Richter aller, zu den Geistern der schon vollendeten Gerechten, zum Mittler eines neuen Bundes, ..." (vgl. Hebräer 12,18-24).

In diesen Worten des Hebräerbriefs wird es deutlich: Wir begegnen Gott nicht so, dass da etwas direkt vom Himmel auf uns, in uns hinein fällt, sondern wir finden ihn in der „festlichen Versammlung". Da hören die ganz unten: Mein Freund, komm näher herauf! Da ist man auf der Höhe, auf dem Berg, „auf dem Berg Zion", sagt der Hebräerbrief und meint damit „die Stadt des lebendigen Gottes, das himmlische Jerusalem". Festliche Versammlung! „Gemeinschaft der Erstgeborenen" - und damit sind die Getauften gemeint. Da begegnen wir ihm. Da finden wir ihn, der Wertschätzung geben will. Nicht als Ersatz für menschliche

Zuwendung, sondern ***in*** der menschlichen Zuwendung, die es in der Gemeinschaft der Getauften gibt! ***Darinnen*** ist Gottes Zuwendung zu erleben!

Natürlich ist die Frage: Kann ich mich darauf verlassen? Sollte es hier wirklich anders sein als anderswo, wo ich Menschen begegne? Sollte es in der Gemeinschaft der Christen wirklich so sein, dass ich da göttliche Liebe erfahre?

Bringen Sie es übers Herz, „an den Heiligen Geist, der in der Kirche lebt“ [1] zu glauben? Könnte es Ihnen gelingen, sich auf dieses Risiko einzulassen? – „Risiko“? – Man kann ja wirklich dabei auf den Bauch fallen. Nur - wenn sie ***nicht*** an den Heiligen Geist in der Gemeinschaft der „Geheiligten“ – oder „Gemeinschaft der Heiligen“ – wie es im Apostolischen Glaubensbekenntnis der Christen heißt – wenn Sie ***nicht*** an diesen Heiligen Geist glauben, es also für unmöglich halten, dass Sie solche Liebe hier finden, dann ***können*** Sie sie auch nicht finden. Denn dann treten Sie ja den anderen Menschen dort ängstlich, misstrauisch, mit der üblichen Maske und so weiter gegenüber. Ja, dann ***können*** Sie es auch nicht finden und haben dann den „Beweis“ für Ihre Sicht.

Aber ***wenn*** Sie an den Heiligen Geist Gottes in der Gemeinschaft der Heiligen glauben, es also riskieren, dann haben Sie mindestens die Möglichkeit dazu. Und ich kann mit großer Freude sagen: Ich habe es vielfältig erlebt – an mir und anderen – in der konkreten Gemeinde!

Ich möchte ein Beispiel nennen: Im „Christentraining“ stand eines Tages unter den Jugendlichen die Frage im Raum: „Ist denn hier irgendwas anders als sonst, wo wir mit anderen Leuten zusammenkommen?“ Und dann kam die Antwort: „Hier geht's weniger aggressiv zu, hier braucht man nicht die übliche Angst zu haben.“ In einem Kurs zur Vorbereitung auf die Firmung kam sinngemäß die gleiche Aussage. Ein anderes Mal: „Hier gelte ich auch, wenn ich mir keine Markenklamotten leisten kann.“

Es ist möglich! So mancher hat's schon erlebt. Und so mancher hat sogar an der Freude darüber oder an der drängenden

Hoffnung darauf mitgewirkt, dass in dieser Gemeinschaft solcher Geist lebt. Das erinnert mich an die Erfahrung, die in Marias Lobgesang, dem „Magnificat", zum Ausdruck kommt: *„Auf die Niedrigkeit seiner Magd hat er geschaut! Großes hat der Mächtige an mir getan!"* (Lukas 1,48) Klingt das nicht wie: „Freund, du ganz unten, rück weiter hinauf!"?

Die Kirche kann, wenn wir uns ihr anvertrauen, zur ***anderen*** Gemeinschaft werden, zur Alternative zu dem ganzen Stress, den wir in unserer Gesellschaft erleben. Wo gibt es denn noch ***keine*** Konkurrenz, ***keinen*** Wettbewerb! Kräfte und Mentalitäten aus Volkswirtschaft und Arbeitswelt haben uns doch bis ins Private und Individuelle hinein so sehr mit Beschlag belegt, dass man kaum mehr Orte findet, an denen man Ich selbst sein kann! Da muss man immer gut da stehen. Da muss die Ehe nach draußen hin gut aussehen. Da muss man als lebenstüchtig erscheinen, als leistungsfähig, als durchsetzungsfähig, als erfolgreich und so weiter. Man muss immer oben sein und möglichst besser als die Anderen. Viel hängt davon ab, ob man dem folgt. Denn wenn ich ihm nicht folge, könnte es sein, dass ich plötzlich ganz unten anlange.

So ist der Kampf in unserer Welt. Aber das ist doch nicht das ersehnte Leben als Mensch, ein menschliches Leben, das sich lohnt, mit all seiner Freude an diesem Leben!

Nein, Gott will uns zu dem echten Leben befreien! Und dafür schenkt er uns die Gemeinschaft seines Heiligen Geistes in der Kirche. Und da ist auch sozusagen der Ort, das zu lernen. Es geht um den Geist, den er selbst beispielhaft gelebt hat als Geist des Letzten Abendmahls, wo er die Ehre seiner Jünger so auf die Spitze getrieben hat, dass Petrus sagt: „Nein! ***Mir*** wirst ***du***, Herr, doch nicht die Füße waschen!" (vgl. Johannes 13,8) Die Skala der Wertschätzungen und der Wettbewerbe hat er umgedreht: „Mein Freund ganz unten, rück weiter hinauf!"

Wenn der Organismus nicht krank werden soll

nach Paulus (vgl. 1 Korinther 12,12-27) – etwas freier übersetzt:

Der menschliche Leib besteht aus erstaunlich vielen Gliedern, Organen und Zellen, und alle diese Teile äußerst unterschiedlicher Art bilden ***einen*** Organismus, ***einen*** Leib!

So ist es auch mit Christus: Durch ein und denselben Geist wurden wir ganz unterschiedliche Menschen in der Taufe alle in einen einzigen Leib aufgenommen: Juden und Griechen, Sklaven und Freie; alle wurden wir mit dem einen Geist getränkt.

Auch der Leib besteht nicht nur aus ***einem*** Glied, sondern aus vielen Arten von Gliedern. Wenn der Fuß sagt: Ich bin keine Hand, ich gehöre nicht zum Leib!, so gehört er doch zum Leib. Und wenn das Ohr sagt: Ich bin kein Auge, ich gehöre nicht zum Leib!, so gehört es doch zum Leib. Wenn der ganze Leib nur aus Augen bestünde, wo bliebe dann das Gehör? Wenn er nur Gehör wäre, wo bliebe dann der Geruchssinn?

Nun aber hat Gott jedes einzelne Glied so in den Leib eingefügt, wie es seiner Absicht entsprach. Wären alle nur ***ein*** Glied, wie könnte das Ganze ein Leib sein? So aber gibt es viele Arten von Gliedern und damit einen Leib.

Das Auge kann nicht zur Hand sagen: Ich bin nicht auf dich angewiesen. Der Kopf kann nicht zu den Füßen sagen: Ich brauche euch nicht. Im Gegenteil, gerade die schwächer scheinenden Glieder des Leibes sind unentbehrlich. Denen, die wir für weniger edel ansehen, erweisen wir umso mehr Ehre und unseren weniger anständigen Gliedern begegnen wir mit mehr Anstand, während die anständigen das nicht nötig haben.

Gott hat den Leib so zusammengefügt, dass er dem geringsten Glied mehr Ehre zukommen ließ, damit im Leib kein Zwiespalt und Konkurrenz entsteht, sondern alle Glieder einträchtig füreinander sorgen.

Wenn darum ***ein*** Glied leidet, leiden alle Glieder mit; wenn ***ein*** Glied geehrt wird, freuen sich alle anderen mit ihm.

Ihr aber seid der Leib Christi und jeder Einzelne ist ein Glied an ihm.

[1] vgl. das Lied „Ich glaube an den einen Gott" – Limburger Diözesananhang zum „Gotteslob" Nr. 901

17 Wo die Quelle zu finden ist

Durst nach Leben. Ja, wer hätte nicht Durst und wollte nicht da hinkommen, wo es das Wasser gibt, das den Durst löscht?! Unterschiede gibt es eigentlich nur in der Intensität, mit der dieser Durst Menschen beschäftigt: Die einen geben sich mit bestimmten Dingen zufrieden und sagen nicht von sich, sie hätten „Durst nach Leben". Wobei es nicht sicher ist, ob das, womit sie sich zufrieden geben, nicht Ersatzbefriedigungen sind, ob das wirklich Leben ist. Und dann gibt es andere, die sagen: Ja, Durst schon, nur wenn ich wüsste, wie er zu löschen geht! Und wieder andere sagen: Wahnsinnig Durst! Nur meistens trauen sie es sich nicht, es vor anderen einzugestehen.

Es gibt auch Unterschiede, woran sich der Durst festmacht: Beim einen vielleicht besonders an dem Wunsch, doch endlich einmal die Erfahrung zu machen: Ich bin geliebt, so wie ich selber bin, statt immer nur etwas hermachen zu müssen, was andere von mir erwarten. Bei einem anderen hängt sich der Durst vielleicht besonders daran, dass endlich einmal Wünsche zuverlässig in Erfüllung gehen sollen; dass man dauerhafte Freundschaft oder dauerhaft wirklich Liebe findet und nicht nach Kurzem immer wieder gleich auf dem Bauch liegt.

Solange wir leben, haben wir diesen Durst. Doch die Lebenswirklichkeit, wie sie sich darstellt, bietet dem Durst oft keine Chancen; sie gleicht oft einer „Wüste" ohne Wasser.

Nun gibt es in der Nähe von Jerusalem eine Wüste; die Bibel nennt sie „die Arabá". Und noch ein Stückchen weiter liegt „das Meer mit dem salzigen Wasser"; wir nennen es „das Tote Meer". Schon sein Name sagt aus, wie viel Leben es in dem Meer gibt wegen seines hohen Salzgehaltes.

Tot. Wüste. Bilder für das Leben, wie es oft ist. Bilder für die

Situation, in der wir so sehr „Durst“ haben. Dazu ist aus der Bibel eine Vision des Propheten Ezechiel zu hören:

[Der Mann, der mich begleitete,] *führte … mich zum Eingang des Tempels … und ich sah, wie unter der Tempelschwelle Wasser hervorströmte und nach Osten floss; denn die vordere Seite des Tempels schaute nach Osten. Das Wasser floss unterhalb der rechten Seite des Tempels herab, südlich vom Altar. Dann führte er mich durch das Nordtor hinaus und ließ mich außen herum zum äußeren Osttor gehen. Und ich sah das Wasser an der Südseite hervorrieseln. … Er sagte zu mir: Dieses Wasser fließt in den östlichen Bezirk, es strömt in die Araba hinab und läuft in das Meer, in das Meer mit dem salzigen Wasser. So wird das salzige Wasser gesund. Wohin der Fluss gelangt, da werden alle Lebewesen, alles, was sich regt, leben können und sehr viele Fische wird es geben. Weil dieses Wasser dort hinkommt, werden die Fluten gesund; wohin der Fluss kommt, dort bleibt alles am Leben. … An beiden Ufern des Flusses wachsen alle Arten von Obstbäumen. Ihr Laub wird nicht welken und sie werden nie ohne Frucht sein. Jeden Monat tragen sie frische Früchte; denn das Wasser des Flusses kommt aus dem Heiligtum. Die Früchte werden als Speise und die Blätter als Heilmittel dienen.* (Ezechiel 47, 1-2.8-9.12)

Ein Fluss, ein Strom, Wasser! Es fließt nach Osten, also dahin, wo die Wüste ist. Ein Strom, der alles heil macht. Sogar das Meer mit dem hohen Salzgehalt wird lebendig, wird gesund! Die Wüste lebt auf! Ezechiel hat einen Traum vom erfüllten Leben: dass es das gelingende Leben wirklich gibt! Früchte – nicht nur wie man es sich so erwartet – einmal im Jahr oder in gesegneten Gegenden dieser Erde halt zwei- oder dreimal – nein, jeden Monat! Da werden die Früchte zur Speise und die Blätter zum Heilmittel, zur Medizin. Das Laub welkt nicht. Nein, das bleibt immer schön. Wo dieses Wasser strömt, gibt es alle Arten von Leben. Da wird jeder Durst nach Leben gestillt. Der Tod hat da einfach keinen Platz. Da ist das Leben gesund.

Das Wesentliche dabei: Dieses Wasser kommt aus dem Tempel. Von dort her also, wo Gott wohnt, wo Gott anzutreffen ist. Dieses Aufleben geschieht, „denn das Wasser kommt aus dem Heiligtum". Wo gibt es dieses Heiligtum?! Vom Tempel in Jerusalem ist die Klagemauer übrig geblieben. Es wäre auch schlimm, wenn man nach Jerusalem reisen müsste, um von Gott wirklich Leben zu erfahren. Oder sollte das der Petersdom in Rom sein? Muss man nach Rom fahren, um des Glaubens froh zu werden? Manchmal ja. Manchmal muss man weg von da, wo man ist, um den „Tempel" zu erleben. Jedenfalls in die Gemeinschaft, in die Gemeinschaft anderer, die das auch wollen. Wallfahrt. Kirchentag. Oder – ganz anders – in die „Wüste": Kloster. Ein paar Tage ganz allein sein, um in der Wüste den Wasserstrom zu empfangen, das Leben neu zu entdecken.

Aber wo ist nun der Tempel, aus dem dieses Wasser hervorströmt? Wo gibt es dieses Schöne? Wo kann diese Vision Wirklichkeit werden? Wo krieg ich das?

Wiederholt gibt das Neue Testament Antwort. Der Apostel Paulus, der die Christengemeinde in der griechischen Hafenstadt Korinth gegründet hatte, spricht aus der Ferne in einem Brief, der den in Korinth zum Gottesdienst versammelten Christen vorgelesen werden soll:

„Ihr seid ... Gottes Bau. Der Gnade Gottes entsprechend, die mir geschenkt wurde, habe ich wie ein guter Baumeister den Grund gelegt; ein anderer baut darauf weiter. Aber jeder soll darauf achten, wie er weiterbaut. Denn einen anderen Grund kann niemand legen als den, der gelegt ist: Jesus Christus." (1 Korinther 3, 9c-11)

Und im 1. Petrusbrief werden Menschen, die aus dem Glauben an Christus leben wollen, aufgerufen: *„Lasst euch als lebendige Steine zu einem geistigen Haus aufbauen, ..."* (1 Petrus 2,5a)

Und da sich in Korinth Widersprüchlichkeiten in der Gemeinde ausbreiteten, fährt Paulus in seinem Brief fort:

„Wisst ihr nicht, dass ihr Gottes Tempel seid und der Geist Gottes in euch wohnt? Wer den Tempel Gottes verdirbt, den wird

Gott verderben. Denn Gottes Tempel ist heilig, und der seid ihr." (1 Korinther 3,16-17)

Und dann gibt es in allen vier Evangelien eine Erzählung von der Begegnung zwischen Jesus und der Tempel-Realität. Hier die Version nach Johannes:

Das Paschafest der Juden war nahe und Jesus zog nach Jerusalem hinauf. Im Tempel fand er die Verkäufer von Rindern, Schafen und Tauben und die Geldwechsler, die dort saßen. Er machte eine Geißel aus Stricken und trieb sie alle aus dem Tempel hinaus, dazu die Schafe und Rinder; das Geld der Wechsler schüttete er aus und ihre Tische stieß er um. Zu den Taubenhändlern sagte er: Schafft das hier weg, macht das Haus meines Vaters nicht zu einer Markthalle! Seine Jünger erinnerten sich an das Wort der Schrift: Der Eifer für dein Haus verzehrt mich. Da stellten ihn die Juden zur Rede: Welches Zeichen lässt du uns sehen als Beweis, dass du dies tun darfst? Jesus antwortete ihnen: Reißt diesen Tempel nieder, in drei Tagen werde ich ihn wieder aufrichten. Da sagten die Juden: Sechsundvierzig Jahre wurde an diesem Tempel gebaut und du willst ihn in drei Tagen wieder aufrichten? Er aber meinte den Tempel seines Leibes. Als er von den Toten auferstanden war, erinnerten sich seine Jünger, dass er dies gesagt hatte, und sie glaubten der Schrift und dem Wort, das Jesus gesprochen hatte. (Johannes 2, 13-22)

Das lässt sich nicht einfach verdauen. Zunächst mal: Das soll derselbe Jesus sein wie der, den wir von so vielen Stellen des Neuen Testaments her kennen, der den Menschen Liebe bringt, der ihnen Gutes tut, der mit so viel Verständnis auf sie eingeht und der sich liebevoll an sie wendet? Diese Erzählung steht im Johannes-Evangelium unmittelbar – und zwar ohne jegliche Verbindung, ohne jeglichen Übergang – unmittelbar nach der so freundlichen, erholsamen, schönen, humorvollen Geschichte von der Hochzeit zu Kana! (Vgl. Johannes 2,1-12) Was hat sich der Evangelist dabei gedacht, wenn er den freundlich-liebevoll sorgenden Jesus so unvermittelt zusammenstellt mit diesem wütenden Jesus! Oder die genannte Vision von Ezechiel, diese schöne Sicht, die einen so richtig ins Schwärmen bringen kann über das, was Gott für die Menschen will – wie passt das zusammen mit solcher Härte? Vielleicht waren Sie beim Lesen allerdings schon ein wenig darauf eingestellt – nach dem Wort von Paulus im ersten Korintherbrief: Wer Gottes Tempel verdirbt, den verdirbt Gott! Ihr müsst also sehr darauf achten, wie ihr weiterbaut an dieser Gemeinschaft, die Kirche sein will. – Hier geht es also los: Jesus treibt alle die hinaus aus dem Tempel, die ihn umfunktioniert haben!

Er will, dass der Tempel wirklich Tempel bleibt, nämlich Gottes „Wohnung"; dass da also ein Ort ist, an dem man Gott ***findet***. Darauf kommt es ihm ja an. Es ist die Liebe zu den Menschen, die ihn bewegt. Und damit alle Menschen, die es wollen, in diesem Tempel auch Gott ***finden*** können und seine Liebe – deswegen schmeißt er alles andere raus!

Was macht eigentlich Jesus in dieser Erzählung des Evangeliums? Zusammengefasst: Wie der Tempel Gottes samt dem, was da geschieht, sich darstellt, das sollte deutlich machen: Hier fließt eine Quelle des Lebens, die allen Durst löscht, die überall, wo Wüste ist, Wasser hinbringt; die überall, wo Vergiftung herrscht, Heilung bringt. – Und statt dass die Menschen dafür sorgen, dass ***das*** im Tempel geschehen kann, haben sie ihr frommes Zeug gemacht! Eigentlich sollte das alles dem wirklich so gemeinten Gottes-Dienst dienen: Dass sie ihre eigenen Wechselgeldstände hatten, war ja nur deswegen, damit dieses heidnische Geld des Römischen Reichs da nicht verwendet werden musste – immer mit dem Bild des „Gottes" Caesar oder Augustus oder wie immer er hieß! Es war ja ursprünglich als etwas Sinnvolles gemeint, das wirklich dem Glauben an Gott entspricht. Aber schließlich – wer dachte noch daran, man hat eben sein Geld gewechselt. Und ursprünglich war ja der Glaube an Gott gemeint, wenn es etwa beim Dankopfer darum ging, Tiere – also vom eigenen Reichtum – vor Gott hinzubringen – als

Bekenntnis: Gott, das ist dein Eigentum, das du mir geliehen hast. Ich weiß, es sind deine Gaben. So bringe ich es dir als Dank. Oder das Sündopfer: Gott, eigentlich habe ich den Tod verdient; ich weiß das. Aber du bist so gnädig, dass du mir vergibst; ich brauche nicht zu sterben. Und als mein Bekenntnis, dass ich darum weiß, bringe ich dir etwas, was mir wichtig ist: eines meiner Tiere; bitte schön, es soll an meiner Stelle sterben. Und zugleich sollen dann die davon leben, sollen die davon essen dürfen, die am Tempel den Opferdienst vollziehen. – Es hatte alles einmal wirklich seinen Sinn – entsprechend dem Bewusstsein, sich beschenken zu lassen von Gott mit diesem Strom des lebendig machenden Wassers. Aber es war degeneriert zu frommem Zeug. Äußerlichkeiten. Sie dachten sich nichts mehr dabei. Sie haben nur noch Gebote erfüllt. Da stand im Katalog: Wenn du das gemacht hast, musst du das so sühnen. Oder wenn das gewesen ist, musst du das machen, und wenn jene Situation eintritt, musst du jenes machen. Das haben sie völlig brav und gehorsam getan. Frommes Zeug! Und da kann Jesus nur noch eins tun: Raus damit! Er jagt sie, die das verantworten, hinaus. Und er jagt das Zeug hinaus.

Der „Tempel Gottes" darf nicht verderben! Denn wenn er verdirbt, dann fließt diese Quelle des „Wassers" nicht mehr. Von wo anders her kommt es ja nicht. Ein Gebet der Kirche – Ausdruck ihrer Sehnsucht und Bereitschaft – zu einem Kirchweihfest sagt: „Mach uns durch diese Kommunion zum Tempel deiner Gnade![1]", also zur Quelle, wo Gott zu finden ist als Leben spendendes „Wasser", das den Durst löscht, das die „Wüste" belebt und das „das Tote Meer" lebendig macht.

---

[1] Schlussgebet beim Jahresgedächtnis einer Kirchweihe

18 Gemeinsam beten – authentisch und vertrauend

Der Herr sprach also: Das Klagegeschrei über Sodom und Gomorra, ja, das ist laut geworden, und ihre Sünde, ja, die ist schwer. Ich will hinabgehen und sehen, ob ihr Tun wirklich dem Klagegeschrei entspricht, das zu mir gedrungen ist. Ich will es wissen. Die Männer wandten sich von dort ab und gingen auf Sodom zu.

Abraham aber stand noch immer vor dem Herrn. Er trat näher und sagte: Willst du auch den Gerechten mit den Ruchlosen wegraffen? Vielleicht gibt es fünfzig Gerechte in der Stadt: Willst du auch sie wegraffen und nicht doch dem Ort vergeben wegen der fünfzig Gerechten dort? Das kannst du doch nicht tun, die Gerechten zusammen mit den Ruchlosen umbringen. Dann ginge es ja dem Gerechten genauso wie dem Ruchlosen. Das kannst du doch nicht tun. Sollte sich der Richter über die ganze Erde nicht an das Recht halten? Da sprach der Herr: Wenn ich in Sodom, in der Stadt, fünfzig Gerechte finde, werde ich ihretwegen dem ganzen Ort vergeben.

Abraham antwortete und sprach: Ich habe es nun einmal unternommen, mit meinem Herrn zu reden, obwohl ich Staub und Asche bin. Vielleicht fehlen an den fünfzig Gerechten fünf. Wirst du wegen der fünf die ganze Stadt vernichten? Nein, sagte er, ich werde sie nicht vernichten, wenn ich dort fünfundvierzig finde.

Er fuhr fort, zu ihm zu reden: Vielleicht finden sich dort nur vierzig. Da sprach er: Ich werde es der vierzig wegen nicht tun.

Und weiter sagte er: Mein Herr zürne nicht, wenn ich weiterrede. Vielleicht finden sich dort nur dreißig. Er entgegnete: Ich werde es nicht tun, wenn ich dort dreißig finde.

Darauf sagte er: Ich habe es nun einmal unternommen, mit meinem Herrn zu reden. Vielleicht finden sich dort nur zwanzig. Er antwortete: Ich werde sie um der zwanzig willen nicht vernichten.

Und nochmals sagte er: Mein Herr zürne nicht, wenn ich nur noch einmal das Wort ergreife. Vielleicht finden sich dort nur zehn. Und wiederum sprach er: Ich werde sie um der zehn willen nicht vernichten. (Genesis 18,20-32)

Was tut Abraham hier? Und was geht dabei in ihm vor? – Wir werden das nicht einfach als orientalisch-langatmig abtun können. Es ***ist*** vielmehr eine lange Geschichte.

Das ist nicht ein unterwürfiger Abraham. Abraham ruft seine Empörung zu Gott hinaus. Er hat Angst um die Menschen in der Stadt. Das beschäftigt ihn. Wenn da – und seien es noch so viele Menschen – einer gerechten Strafe entgegengehen sollten – nun, damit hätte er kein Problem, das ist für ihn einfach gerecht. Aber wie kann es denn Gott zulassen – und dabei sträuben sich ihm die Haare – , dass da auch Menschen, die – wie er es in seiner Sprache sagt – „gerecht" sind vor Gott, dass die auch hinweggerafft würden! „Das kannst du doch nicht tun!" sagt er zu Gott. So ungefähr wie wir nach einem Verkehrsunfall oder in einem Krieg oder Bürgerkrieg sagen: „So viele Unschuldige sind ums Leben gekommen!" Da machen wir auch einen Unterschied wie Abraham zwischen Unschuldigen und Schuldigen. Oder: „So und so viele Zivilisten hat es getroffen." Als ob Soldaten nicht auch Menschen wären! Auf dieser Ebene liegt für Abraham ein ebenso selbstverständlicher Unterschied wie für uns. „Aber du kannst es doch nicht dem Gerechten genauso ergehen lassen wie dem Ruchlosen! Sollte sich der Richter der ganzen Erde nicht an das Recht halten?!"

Mancher mag das unverschämt oder frech nennen. Egal – Abraham ist aufgewühlt! Und mit dem, was ihn da aufwühlt, öffnet er sich auf Gott hin.

Er muss ein unbändiges Vertrauen zu Gott gehabt haben: So wie er war – echt, authentisch, ehrlich stellt er sich vor ihn hin und ruft Gott. Und wenn er sich mit Gott auseinandersetzen will, dann setzt er sich eben mit ihm auseinander. Gelegentlich klingt durch: „Ich bin zwar nur Staub"; – was bin ich schon gegen Gott. Aber das, was da in ihm drinnen ist, das entfaltet einfach seine Kraft: Er setzt sich ein für diese Menschen. Ohne Ängstlichkeit. Er stellt sich Gott in den Weg. Er ringt mit ihm um das Überleben der Menschen. Er ringt mit Gott um die Vergebung für die Menschen. Damit vertraut er sich seinem Gott an. Zudringlich. Er hält Fürbitte. Er betet.

Von Abraham spricht das Neue Testament als dem „Vater" der Glaubenden (z.B. Römer 4,12) – ein Musterbeispiel, an dem man ablesen kann, was das heißt: an Gott glauben. Und wenn wir dann an Jesus denken: Natürlich hat Jesus genau ***so*** geglaubt und genau ***so*** gebetet, nur unter noch mehr Einsatz: Sein ganzes Leben wurde ***ein*** Gebet, wurde zum Einsatz für die Menschen, wurde ***eine*** Fürbitte für die ganze Menschheit vor dem Vater. Sein Vertrauen, mit dem er sich so, wie er ist und mit dem, was ihn beschäftigt, sich dem Vater öffnet, ist nicht zu überbieten. Mit seinem ganzen Leben setzt er sich ein. Damit die Menschen überleben. Damit die Menschen Vergebung und Versöhnung finden: das Leben, den Frieden.

Christen, also Menschen, die ihr Selbstverständnis auf ihre Zugehörigkeit zu Jesus Christus gründen, haben sich zu aller Zeit nicht nur den glaubend betenden Abraham zum Vorbild genommen, sondern wollten gerne auch so glauben und beten können wie Jesus selbst.

Jesus betete einmal an einem Ort; und als er das Gebet beendet hatte, sagte einer seiner Jünger zu ihm: Herr, lehre uns beten, wie schon Johannes seine Jünger beten gelehrt hat.

Da sagte er zu ihnen: Wenn ihr betet, so sprecht: Vater, dein Name werde geheiligt. Dein Reich komme. Gib uns täglich das Brot, das wir brauchen. Und erlass uns unsere Sünden; denn auch wir erlassen jedem, was er uns schuldig ist. Und führe uns nicht in Versuchung.

Dann sagte er zu ihnen: Wenn einer von euch einen Freund hat und um Mitternacht zu ihm geht und sagt: Freund, leih mir drei Brote; denn einer meiner Freunde, der auf Reisen ist, ist zu mir gekommen, und ich habe ihm nichts anzubieten!, wird dann etwa der Mann drinnen antworten: Lass mich in Ruhe, die Tür ist schon verschlossen und meine Kinder schlafen bei mir; ich kann nicht aufstehen und dir etwas geben? Ich sage euch: Wenn er schon nicht deswegen aufsteht und ihm seine Bitte erfüllt, weil er sein Freund ist, so wird er doch wegen seiner Zudringlichkeit aufstehen und ihm geben, was er braucht.

Darum sage ich euch: Bittet, dann wird euch gegeben; sucht, dann werdet ihr finden; klopft an, dann wird euch geöffnet. Denn wer bittet, der empfängt; wer sucht, der findet; und wer anklopft, dem wird geöffnet. Oder ist unter euch ein Vater, der seinem Sohn eine Schlange gibt, wenn er um einen Fisch bittet, oder einen Skorpion, wenn er um ein Ei bittet? Wenn nun schon ihr, die ihr böse seid, euren Kindern gebt, was gut ist, wie viel mehr wird der Vater im Himmel den Heiligen Geist denen geben, die ihn bitten. (Lukas 11, 1-13)

Viele Menschen tun sich schwer mit dem Beten: „Ich kann nicht beten." Oder: „Ich hab soviel gebetet, und ich wurde nicht erhört!"

Die Bibel gibt Anregungen zum Beten. Das eine dieser Beispiele: Abraham. Und ein anderes: Der zudringliche Freund, von dem Jesus spricht.

An beiden „Betenden" wird deutlich: Sie sind erfüllt von einem Anliegen. Abraham will unbedingt, dass diese Menschen überleben können! Und der Freund, der noch spät am Abend Besuch bekommen hat, will dem unbedingt auch ein Brot anbieten können! Das sind ganz natürliche, ganz echte Anliegen dieser Personen.

Mit dem, was mich beschäftigt – und mit dem Gewicht, das das für mich hat – ***damit*** mich Gott anvertrauen! Beten geht überhaupt nur ehrlich, echt, authentisch. Ich kann nicht Gott um etwas bitten, was mir nicht ein Anliegen ist. Es muss eine Übereinstimmung sein zwischen dem, was in mir da ist, und dem, was ich Gott vorzeige in meinem vertrauenden Wort des Gebets. Ich kann auch nicht irgendeinen Text aus einem Buch ablesen – unabhängig davon, wieweit das wirklich in mir ein Anliegen zum Mitschwingen bringt. Das geht nicht! Gott will, dass wir ***uns*** ihm anvertrauen, nicht ihm Gedichte vorsagen oder etwas ihm sagen, wo wir gar nicht dahinter stehen.

Mancher sagt: „Was ich brauche – und sei es das tägliche Brot – das weiß Gott längst; wozu soll ich es ihm noch sagen!" Natürlich: Es kann beim Beten auch nicht darum gehen, dass wir Gott Bescheid geben, was nötig ist, damit er's besser weiß. Nein: Ein Psalm sagt es deutlich: *„All mein Sehnen liegt offen vor dir."* (Psalm 38,10) Jesus sagt selbst: *„Euer Vater weiß, was ihr braucht, noch ehe ihr ihn bittet."* (Matthäus 6,8) Aber wenn Gott mir wichtig ist, dann ***werde*** ich mich ihm anvertrauen; dann muss ich mich ihm einfach anvertrauen.

Beten kann ich nicht, weil ich beten soll. Das frühere, in der Beichterziehung anerzogene „die täglichen Gebete regelmäßig verrichten" – aus Pflichtbewusstsein – hat viel kaputt gemacht, hat den Menschen das Beten, das authentische, das gegenwärtige, aktuelle Beten, das Sich-selber-Gott-anvertrauen abgewöhnt. Das gilt es wieder zu entdecken und wieder zu pflegen, vielleicht zu üben. Damit wir beten wie Jesus, wie Jesus es meint, und beten wie Abraham.

Einen weiteren Punkt meine ich, verstanden zu haben: Nicht nur der Jesus von damals betet zum Vater und hält Fürbitte mit seinem ganzen Dasein für die Menschheit. Sondern auch der auferstandene Christus, der sich leibhaftig in der Kirche darstellt; auch er betet und will beten. Und davon, wenn Menschen in Gemeinschaft beten – egal wie viele oder wenige, aber gemeinsam, mit derselben Zielrichtung, mit demselben Wunsch, mit demselben Anliegen und demselben Zutrauen zu Gott – davon sagt Jesus: *„Alles was zwei von euch auf Erden gemeinsam erbitten,* *werden sie von meinem himmlischen Vater erhalten.*" (Matthäus 18,19)

Ich komme noch einmal auf die Worte von Jesus über das nachdrückliche Bitten zurück – auf etwas, worüber mancher aufmerksame Leser enttäuscht ist: „Wenn nun schon ihr euren Kindern gebt, was gut ist," ihr, die ihr oft ein so geringes Herz habt; – „wie viel mehr wird der Vater im Himmel ***den Heiligen Geist*** denen geben, die ihn bitten!" Die ihn um alles Mögliche bitten: um Brot, um Hilfe für andere, ... – stattdessen wird er ihnen „den Heiligen Geist geben"?!

Das Matthäus-Evangelium überliefert das gleiche Wort so: *„Wie viel mehr wird der Vater im Himmel denen Gutes geben, die ihn bitten!"* (Matthäus 7,11) Lukas will es aber noch deutlicher sagen, will deutlich machen, wie das geht: ***wie*** Gott denen Gutes gibt, die ihn darum bitten: Er erhört ihre Bitte, indem er ihnen den Heiligen Geist gibt! Sie, wenn sie wirklich gebetet haben, also wenn, was sie Gott vorgetragen haben, ihnen wirklich ein gemeinsames Anliegen war, dann bekommen sie schon darin Bestärkung in diesem Geist, der sie gemeinsam prägt. Sie spüren geradezu, wo die Übereinstimmung mit Gottes Willen liegt, und das bestärkt sie in ihrem Anliegen: Sie empfangen die Berufung, der Erfüllung ihrer Bitte zu dienen. – Und da wird die Ahnung auch klarer, wie Gott es tun mag, bestimmte Bitten zu erfüllen, zum Beispiel die Bitte: „Rette doch diese Menschengruppe oder die Menschheit aus der oder jener Not!" Vielleicht ist es eine Not, der die Politik abhelfen muss oder der überhaupt nur eine größere Zahl von Menschen abhelfen können. Echt Betende werden, wenn sie voll des Geistes sind, der „lebendig macht", wie es im Großen Glaubensbekenntnis heißt, selber entsprechend handeln, weil er sie dazu belebt und durch sie handelt. Dieser Heilige Geist ist der beste Weg. Gottes Geist, der Menschen zusammenschweißt, ist das deutlichste Zeichen dafür, dass Gott die Bitten der Menschen um Gutes erhört.

19 In der Not die neue Welt miteinander besingen

Als Jesus die vielen Menschen sah, stieg er auf einen Berg. Er setzte sich, und seine Jünger traten zu ihm. Dann begann er zu reden und lehrte sie. Er sagte:

„Selig, die arm sind vor Gott; denn ihnen gehört das Himmelreich.

Selig die Trauernden; denn sie werden getröstet werden.

Selig, die keine Gewalt anwenden; denn sie werden das Land erben.

Selig, die hungern und dürsten nach der Gerechtigkeit; denn sie werden satt werden.

Selig die Barmherzigen; denn sie werden Erbarmen finden.

Selig, die ein reines Herz haben; denn sie werden Gott schauen.

Selig, die Frieden stiften; denn sie werden Söhne Gottes genannt werden.

Selig, die um der Gerechtigkeit willen verfolgt werden; denn ihnen gehört das Himmelreich.

Selig seid ihr, wenn ihr um meinetwillen beschimpft und verfolgt und auf alle mögliche Weise verleumdet werdet. Freut euch und jubelt: Euer Lohn im Himmel wird groß sein."

(Matthäus 5,1-12a)

Und am Ende dieser Bergpredigt fügt Jesus an: *„Wer diese meine Worte hört und danach handelt, ist wie ein kluger Mann, der sein Haus auf Fels baute."* (Matthäus 7,24) Da kann dann kommen, was will – Sturm oder was auch immer, das Haus bleibt stehen!

Was Jesus da sagt, steht ganz im Widerspruch zu dem, woran Menschen üblicherweise Freude finden.

Wer aber die ganz andere Freude hier heraushört und tatsächlich in vertrauender Hingabe aus solcher Freude heraus handelt – gar mitten im Leiden, mitten im Sterben – , dem kann eigentlich nichts und niemand mehr etwas antun, der steht mitten in der Fülle des Lebens. Wer danach handelt – aus Glauben, aus Hoffnung, aus Liebe zu diesem Gott, aus brennender Sehnsucht nach Leben – , der steht mitten drin im Leben. Nur: Das steht eben quer zu den Maßstäben der Welt, die uns prägt und deren Teil wir sind.

Alle, die hier von Jesus genannt werden: die Armen, die Trauernden, die darauf verzichten, Gewalt anzuwenden usw. – das sind die, die nach den Maßstäben und Kräften unserer Welt immer wieder auf den Bauch fallen, zu kurz kommen und eher sterben als aufleben. Und immer wenn wir selber uns in einer solchen Situation sehen, dann macht uns das Angst: Es macht uns Angst, wenn wir arm sind. Es macht uns Angst, wenn wir Anlass zur Trauer haben. Es macht uns Angst, wenn wir vor der Entscheidung stehen, ob wir auf die Gewalt verzichten. Es macht uns Angst, wenn wir vor der Frage stehen, ob wir uns nicht mit einsetzen müssen - aus Hunger und Durst nach Gerechtigkeit.

Jesus Christus, nach dem wir uns „Christen" nennen, hat sich selber dieser Angst radikal gestellt, hat sich uns zur Seite gestellt – uns, insofern wir der Trauer nicht ausweichen; uns, insofern wir der Armut nicht ausweichen; uns, insofern wir den Mut aufbringen, auf Gewalt zu verzichten – uns zur Seite gestellt, insofern wir hungern und dürsten und brennen nach Gottes Gerechtigkeit in dieser Welt; uns, insofern wir mit reinem Herzen die Wahrheit aussprechen und nicht lügen, was das Zeug hält.

Und warum sind die Armen selig? Warum preist Jesus die Trauernden selig? Warum gratuliert er denen, die sich durchringen, auf gewalttätiges Absichern aller Besitzstände und Errungenschaften zu verzichten? Warum?

Er sagt es: „Denn ihnen gehört das Himmelreich." „Sie werden getröstet werden." „Sie werden das Land" – das angeblich nur mit Waffengewalt zu erreichen oder zu sichern ist – „erben."

... „Sie werden satt werden" in ihrem Hunger nach Gerechtigkeit. Jesus kündigt Veränderung an.

Und die nicht arm sind? Sie werden Freude daran finden, wenn sie sich Jesus und seiner Botschaft anvertrauen und sich dem entsprechend seinen Weg und seine Kraft zu eigen machen samt der Liebe, die da drinnen steckt gegenüber allen, die noch nicht in der Fülle leben.

Wer die Trauer akzeptiert, die es bringt, wenn ich das, was ich hab, zu einem spürbaren Teil loslasse und die von Gott mit dem Besitz geschenkte Möglichkeit zum Teilen auch nutze – das macht ja Trauer, denn da verzichte ich, gebe ich her – Wer sich dieser Trauer stellt: selig! Denn er wirkt ja mit an Gottes Projekt vom Leben für Arm und Reich – in dieser Welt heute.

Ja, Gott hat es in die Hand genommen. Und wir Menschen haben sogar die Chance, beizutragen zur Verwirklichung seiner Absichten! Wir dürfen es erfüllen, wahr machen, weil er uns Vollmacht und Berufung und seinen Geist dazu gibt. Da verändert sich die Welt. Da kann man endlich aufatmen und sich einander öffnen. Da herrscht nicht mehr die Angst, die doch nur dazu führt, dass man alles absichern will. Da gibt es eine neue Welt, *„einen neuen Himmel und eine neue Erde"* (vgl. Offenbarung 21,1-5).

Veränderung ist angesagt. Evangelium, Botschaft der Freude. In den Psalmen wird das besungen:

Wohl dem, dessen Halt der Gott Jakobs ist und der seine Hoffnung auf den Herrn, seinen Gott, setzt. ... Recht verschafft er den Unterdrückten, den Hungernden gibt er Brot; der Herr befreit die Gefangenen. Der Herr öffnet den Blinden die Augen, er richtet die Gebeugten auf. Der Herr beschützt die Fremden und verhilft den Waisen und Witwen zu ihrem Recht. ... (aus Psalm 146,5-10)

Und was tun die dann, die anfangen, solcher Ansage zu trauen und deshalb sich darauf freuen? – Sie fangen an zu feiern! Die, die es „demütig" hören: in ihrer Angewiesenheit auf

Gott sich seinem Geschenk öffnen und zugleich mitwirken wollen, dass das geschieht, was er verheißen hat, die fangen an zu feiern. Christen „feiern“ ja sogar das Begräbnis eines geliebten Menschen. Christen feiern ja die Eucharistie auch in der schlimmsten Krankheit oder wenn einer gestorben ist. Egal was kommt: feiern. Singen!

Was ist das eine wunderbare Sache, wenn ich in der Not – oder mehr im Geist des Evangeliums gesagt: wenn ***wir*** in der Not unsere Not heraus ***singen!*** Wer ***singt***: „Herr, hol mich aus den Tiefen des Todes!“ (vgl. Psalm 130), der hat eigentlich den Tod schon überwunden.

Es ist dasselbe, wenn wir den Wein der Eucharistie – ein wesentliches Element des Mahles – als Zeichen der Freude und der Anbetung genießen; und wenn wir so richtig aus ganzem Herzen singen, uns einfügen in den Gesang der Weihnachtsengel: Jetzt findet Gott seine Ehre erst richtig – darin nämlich, dass er den Menschen, die sich damit beschenken lassen, den Frieden bringt: Friede auf Erden, Ehre Gott in der Höhe!

Singen angesichts des Todes

Ute sang seit vielen Jahren als Kantorin in den Gottesdiensten der Gemeinde. Seit September 2000 war klar: Sie hatte Krebs. Ostern 2001 wusste sie: Ihre Überlebenschancen waren gering. „In ihrer Not“ wollte sie unbedingt in der Gemeinschaft mit den Anderen das erhoffte „Neue“ besingen: sowohl am Karfreitag – wie an diesem Tag üblich – „Vater, in deine Hände empfehle ich meinen Geist“ mit Psalm 31 „Herr, ich suche Zuflucht bei dir“, als auch in der Osternachtfeier den Halleluja-Psalm 118, in dem es heißt „Ich werde nicht sterben, sondern leben, um die Taten des Herrn zu verkünden.“ Als es so weit war, schlug sie für ihre Beerdigung die Wiedergabe ihres Karfreitags-Gesangs vor. – Es wurde ein starkes Zeichen der Hoffnung!